SUSAN SIDEROPOULOS

Das Leben schwer nehmen ist einfach zu anstrengend

Wie du Tag für Tag
Freude und Leichtigkeit
einlädst

INHALT

HERAUSFORDERUNGEN

ZUVERSICHT IN SICHT

VORWORT

Hast du dich jemals gefragt, warum du jemanden magst? Denk mal kurz darüber nach: Warum folgst du dieser einen Person in den sozialen Medien und einer anderen nicht, obwohl beide etwas ganz Ähnliches machen? Warum besuchst du Seminare von Coach:in A, aber nicht von Coach:in B? Warum gibt es diesen einen Podcast über Motivation, Erfolg, Glück, Erfüllung und persönlicher Entwicklung, den du voller Begeisterung hörst, wo es doch auch so viele andere Podcasts zu diesem Thema gibt? Warum liest du die Bücher deines Lieblingsautors so gerne? Was macht diesen einen Menschen, dem du deine Zeit und Aufmerksamkeit schenkst, so besonders? Die Antwort lässt sich in einem einzigen Wort zusammenfassen: Authentizität. Du fühlst dich einfach wohl, abgeholt und verstanden und vor allem fühlst du, dass dieser eine Mensch, der zu dir spricht, es ehrlich meint und keine Show abzieht. Er muss nicht perfekt sein oder für jedes Problem sofort eine Lösung parat haben, er muss einfach nur echt sein.

Als ich Susan das erste Mal in Berlin auf einen Espresso traf, habe ich all das gefühlt. Mir saß jemand gegenüber, der nicht geschauspielert hat, obwohl das in ihrem Fall ja sehr einfach gewesen wäre. Sie erzählte mir ehrlich und ungeschminkt aus ihrem Leben, von ihren Erfolgen und Misserfolgen, davon, wie es war, am Höhepunkt der eigenen Karriere als eine der bekanntesten Schauspielerinnen Deutschlands einen Schnitt zu machen, um Kinder zu bekommen, von Schicksalsschlägen, Enttäuschungen, großen Zielen und noch größeren Träumen. Wir sprachen über die Kraft der Gedanken, Visualisierung und die Macht der Dankbarkeit, über die Polaritäten des Lebens und wie alles mit allem verbunden ist. Susan ist eine Entdeckerin. Sie ist neugierig auf ihre Welt und ein Mensch, der sich auch in schwierigen Zeiten niemals unterkriegen lässt. Dafür ist das Leben viel zu wertvoll, sagte sie einmal, und ich kann ihr nur zustimmen.

Susan hat dieses Buch mit ihrem Herzen geschrieben. Nicht, um anderen zu gefallen oder etwas darzustellen, was sie nicht ist, sondern um dir Mut zu machen und zu zeigen, dass du nicht perfekt sein musst, um dein Licht in die Welt zu tragen. Und genau das ist einer der vielen Gründe, warum ich Susan so mag.

In Liebe,
Lars Amend

EINLEITUNG

Wie schön, dass du wieder da bist. Oder hast du zufällig nach diesem Buch gegriffen? Gut, ich glaube schon mal nicht an Zufälle, vor allem nicht was Bücher angeht. Da ist Magie im Spiel. Ich sage immer: Die Bücher finden uns und nicht andersherum.

Nun, ich gehe mal davon aus, dass du Megabock auf Leichtigkeit und Freude hast in deinem Leben. Nur irgendwie will die nicht so richtig bei dir einkehren.

In einem Q & A bei Instagram wurde ich vor Kurzem wieder einmal gefragt: »Wie schaffst du es, das Leben so leicht zu nehmen?« Und ich antwortete direkt aus dem Bauch heraus: »Das Leben schwer nehmen ist mir einfach zu anstrengend.«

Und da wusste ich: Das wird mein nächstes Buch. Ich lade die Freude nämlich ganz bewusst ein. Mehr noch, ich will, dass sie den größten Raum in meinem Leben einnimmt. Das will wahrscheinlich jeder, oder? Wenn die Menschen nach ihrem größten Wunsch gefragt werden, ist die häufigste Antwort: »glücklich sein«. Gut, den einen macht eine erfüllte Partnerschaft glücklich, den anderen ein schnelles Auto oder ein Urlaub mit Freunden. Unterm Strich geht es aber bei allen um das Gefühl, das erlebt werden will, und das wiederum ist immer Freude.

Freude muss aber nicht an Highlight-Momente im Leben geknüpft sein, im Sinne von: »Erst mal die Woche hinter mich bringen und am Samstag ist endlich wieder Freude angesagt.« Dann regnet es am lang ersehnten Wochenende und die Freude wird halt aufs nächste Wochenende verschoben.

Wie wäre es also, wenn wir Freude einfach überall unterbringen könnten? Das wäre schon verrückt, oder? Freude beim Bügeln? Freude bei der Arbeit? Freude im Stau? Gut, wir müssen's ja nicht übertreiben. Wobei, ganz laut Musik aufdrehen und mitsingen ist für mich schon die halbe Miete.

Ich höre schon einige kritische Stimmen: »Hmmm, warum muss ich denn immer gute Laune haben? Das ist doch gar nicht authentisch. Manchmal will ich einfach mies gelaunt sein und alles kacke finden.« Kann ich verstehen, manchmal will ich bloß ganz laut *All by myself* im Auto hören und heulen. Manchmal will ich vor Wut 'ne Runde rumschreien und vielleicht auch 'ne alte Vase gegen die Wand schmeißen. Für all diese Gefühle muss auch Platz bleiben.

Jetzt kommt aber der Clou: Zwar sind alle Gefühle wichtig und brauchen ihren Raum, aber wir können uns doch sicher darauf einigen, dass sich Freude am besten anfühlt. Daher ist es auch nicht überraschend, dass wir dieses Gefühl am meisten spüren möchten. Außerdem fühlt sich Freude nicht nur gut an, sondern ist auch ansteckend und *der* »Türöffner« überhaupt. Dazu bringt Freude meistens ihre Freundinnen – die *Leichtigkeit* und die *Gelassenheit* – mit.

Entweder denkst du gerade: »Wie geil ist das denn, genau das will ich – her mit der Anleitung!« Oder du überlegst eher: »Boah, klingt irgendwie anstrengend. Wahrscheinlich muss ich voll viel anders machen und noch meditieren oder so komischen esoterischen Schnickschnack.«

Dazu kann ich nur sagen:

Anstrengend sind genau solche Gedanken.

Anstrengend ist es, ständig Gründe zu suchen, warum Dinge nicht funktionieren.

Anstrengend ist es, ständig über irgendwas zu meckern.

Anstrengend ist es, immer einen großen Rucksack mit seiner ganzen Wut auf die Welt mit sich rumzuschleppen.

Anstrengend sind Sorgen über Dinge, die meistens nicht eintreffen.

Anstrengend ist es, sich über andere aufzuregen ...

Anstrengend ist es, diese Liste fortzuführen.

Es ist nämlich genau andersrum!

Dieser Weg ist der leichte.

Dieser Weg macht Freude.

Aber am Anfang steht eine klare Entscheidung:

Ich entscheide mich dafür, dass das Leben zum Leben da ist und nicht zum Überleben.

Ich entscheide mich dafür, mein Leben aktiv anzuschauen und zu verändern.

Ich entscheide mich für Freude.

Ich entscheide mich für Leichtigkeit.

Ich entscheide mich für Begeisterung.

»Welchen Tag haben wir?«, fragte Pooh.

»Es ist heute«, quiekte Ferkel.

»Mein Lieblingstag!«, sagte Pooh.

Mit diesem Buch möchte ich dich einladen, dir in den nächsten vier Wochen dein Leben etwas genauer anzuschauen. Das Buch ist wie ein Kalender aufgebaut: Es gibt vier Teile mit je fünf (Wochen-)Tagen. Die Idee ist, dass du an einem Tag ein Kapitel liest. Dabei ist es völlig egal, an welchem Tag und mit welchem Kapitel du anfängst – die folgenden Tage sind nämlich *alle* Lieblingstage.

Lass das Gelesene wirken und dann … »einfach mal machen – könnte ja klappen«. Übungen, die du einmal machst, oder Challenges, die dich über eine längere Zeit begleiten, werden dich dabei unterstützen.

Ich möchte dir helfen, deine Routinen klarer zu erkennen, um dich auf die Fähigkeit aufmerksam zu machen, dass du unmittelbar in der Lage bist zu handeln, um etwas zu verändern. Es geht um dich. *Nur um dich!*

Vielleicht hast du ja Lust, das Ganze als eine Vier-Wochen-Challenge anzunehmen. Vielleicht ist dir das aber auch zu stressig und du willst dir lieber Zeit nehmen. Oder du gehörst zu den ganz Schnellen und willst mehr als ein Kapitel am Tag lesen. Alles darf – nichts muss.

Übrigens ist dieses kleine Wort schon ein Gamechanger: Indem du in Zukunft »müssen« durch »dürfen« ersetzt, fühlt sich das Ziel schon entspannter an. Oder was denkst du? »Ich muss Sport machen« oder »Ich darf Sport machen« – was klingt entspannter?

Fakt ist, dich zwingt ja niemand. *Du* möchtest etwas in deinem Leben verändern und *du* hast dazu die Möglichkeit. Welch ein Geschenk.

Und jetzt, wo wir schon mal dankend annehmen können, dass wir nichts *müssen*, sondern alles Mögliche *dürfen*, kann's ja losgehen.

Die Reise beginnt

Lieblingstag 1

Stell dir vor, Montag wäre dein neuer Lieblingstag

Warum Bewertungen die größte Macht haben

Ich hab keinen blassen Schimmer, welcher Tag heute bei dir ist, aber da die Woche ja mit dem sogenannten Montag beginnt, möchte ich kurz mit dir über diesen Tag sprechen. Spannenderweise sagt der Montag eine ganz Menge über uns aus.

Erste Frage an dich: Wie stehst du zu Montag? Montag ist mein absoluter Lieblingstag! In mir löst er einen Schwall an Energie aus. Das Gefühl von Neustart. Kribbeln, als würde sich ein neuer Raum der unbegrenzten Möglichkeiten öffnen.

Fakt ist allerdings: Montag ist bloß ein Tag! Er hat die simple Aufgabe, dir 24 neue Stunden zu schenken. Die Bewertung dieses Tages gibst du.

Ist es nicht spannend, wie sehr der Montag seine Macht verliert in dem Moment, in dem wir realisieren, dass wir es sind, die den Stempel draufsetzen? Das ist übrigens eines der wichtigsten Dinge, die ich in den letzten Jahren lernen durfte und verstanden habe: die Sache mit der Bewertung. Und deshalb möchte ich sie gleich zu Beginn mit dir teilen.

IT'S MY LIFE

Es ist Montagmorgen, der Wecker klingelt, es ist kalt draußen – »und auch noch dunkel!«, denke ich und drücke noch einmal auf Snooze, um dann sechs Minuten später den gleichen Gedanken zu haben. Leider kann ich kein weiteres Mal drücken, die Kids müssen zur Schule und ich zur Arbeit. Mist! Ich schnappe mir meine Strickjacke, zieh die Wollsocken über und schlurfe ins Bad. In Dauerschleife schwirren mir Gedanken im Kopf wie »Ich will nicht aufstehen. Ich hasse dunkle Wintermorgen«. Mein Mann hat auch keinen Bock auf Montag. Da sind wir schon mal zwei. Ich putze meine Zähne und gehe die Kinder wecken. Gleich werde ich wieder angeschrien und mit dem Fuß weggetreten, nützt nichts, da muss ich durch. Mein Kleiner mag es halt auch nicht, früh aufzustehen, dann sind wir schon drei. Puh, wie kommen wir jetzt raus aus dem »Wir alle hassen Montag«-Szenario? Einer muss den Anfang machen. Wie wär's mit mir?

Niemand kann uns Gefühle und Gedanken in den Kopf setzen.

Stell dir besagte Situation doch mal folgendermaßen vor:

Es ist Montagmorgen, der Wecker klingelt, es ist kalt draußen – »und auch noch dunkel!«, denke ich und drücke noch einmal auf Snooze. Bis hierhin bleibt die Geschichte gleich – und *jetzt* kommt die erste Veränderung. Ich drehe mich noch einmal auf die andere Seite, kuschel mich in mein Kissen und freue mich, dass ich weitere sechs Minuten liegen bleiben kann. Meine Gedanken kreisen und plötzlich wird mir etwas ganz Verrücktes klar: Ich kontrolliere meine Gedanken und nicht andersherum. Was für eine grandiose Entdeckung!

Anstatt dich zu ärgern, dass du Montagmorgen aufstehen musst, solltest du dich bedanken, dass du es kannst.

Wir können uns Gedanken wie Wolken vorstellen. Sie ziehen durch unseren Kopf und wir nehmen sie wahr. Aha, spannend, was da so alles vorbeizieht.

Ich nehme kurz noch mal mich als Beispiel, da ich nicht weiß, welche Gedanken sich am Morgen in deinem Kopf verirren. Also bei mir zieht der Gedanke »Kein Bock aufzustehen« vorbei. Ich schaue mir das kurz an und treffe dann die erste Entscheidung des Tages. Ich verändere »Ich habe keinen Bock aufzustehen« in »Danke, dass ich aufstehen kann«. Es ist Magie. Diese winzige Veränderung meines Gedankens verändert alles. Kennst du den Moment, wenn du nach einer Erkältung die erste Nacht durchschläfst, morgens erwachst und mit einem Mal wieder richtig Luft bekommst? Du atmest tief durch die Nase und bist richtig glücklich und erleichtert. Dieses Gefühl hält genau fünf Minuten an, danach hast du die blöde Erkältung vergessen und nimmst deine freie Nase wieder als das Normalste von der Welt wahr. Doch es ist keine Selbstverständlichkeit!

Ich strecke mich und richte meinen Fokus auf mindestens eine Sache, auf die ich mich am heutigen Tage freue.

Es gibt nichts??? Das glaube ich nicht. Ich rede nicht von einem großen Spektakel, es muss nicht dein Geburtstag sein oder eine Gehaltserhöhung. Ich spreche erst mal von etwas wie dem ersten Kaffee am Morgen. Bist du auch ein Kaffeeliebhaber? Für mich ist das eins meiner Highlights, ohne Witz; ich freue mich schon am Abend auf den ersten Schluck Kaffee am nächsten Morgen. Wenn dieser kleine Moment natürlich total untergeht zwischen Broteschmieren, Streitschlichten und Haarekämmen, wundert es mich nicht, dass du ihm bis jetzt vielleicht noch nicht die verdiente Aufmerksamkeit geschenkt hast.

Deshalb mein kleiner erster Tipp: Steh einfach 20 Minuten eher auf, um den ganzen Morgenstress zu entzerren. Das ist Gold wert, auch wenn man glaubt, dass jede Minute, die der Wecker später klingelt, ein Geschenk ist. Schlussendlich bist du 20 Minuten früher oder später genauso müde, aber wenn du früher aufstehst, hast du etwas mehr Ruhe gewonnen.

Also, der Wecker klingelt ein wenig früher, ich starte mit Dankbarkeit und Freude auf meinen Kaffee. Strickjacke und Wollsocken an und ab ins Bad.

Zweiter Tipp: Musik. Die beste Anschaffung ist eine Musikbox im Badezimmer. »Alexa, spiel *It's My Life* von Bon Jovi.« Bitte nicht als Werbung verstehen, ich wollte einfach nur dicht an der Realität bleiben und bei uns wohnt eben nun auch Alexa. Bon Jovi tönt durch die kleine Box:

It's my life
It's now or never
But I ain't gonna live forever
I just want to live while I'm alive
(It's my life)
My heart is like an open highway
Like Frankie said, »I did it my way«
I just want to live while I'm alive
It's my life

Ich spüre, wie sich langsam meine Batterien aufladen, während ich Zähne putzend durchs Bad wippe. Jakob kommt herein, er ist morgens grundsätzlich der besser Gelaunte. Heute sind wir beide gut drauf und Jakob singt unter der Dusche direkt zu meiner Musik mit.

Nächste Mission: Kinder wecken.

Da hilft Musik auch ganz wunderbar. Ich wechsle die Musikauswahl, bisschen Hip-Hop und rein ins Kinderzimmer. Während Mutti 'nen kleinen Dance macht, kommt aus den Betten: »Mama, hör auf, du bist peinlich.« Egal, zumindest sind sie wach. Ich lache, sie lachen (okay, sie nicht immer), der Tag kann beginnen.

MONDAY DANCE

Apropos peinlich durch die Wohnung tanzen …

Auf Instagram schon diese lustige blonde Frau entdeckt, die am Montagmorgen immer ausgelassen durchs Wohnzimmer tanzt? Nein? Ich gebe dir einen Tipp: Sie hat unter anderem auch dieses Buch hier geschrieben.

Der MondayDance ist genau aus dieser Tradition entstanden, dass ich tatsächlich meine Energie hochschraube, indem ich laut Musik höre und dazu unkontrolliert durch die Wohnung tanze. Und falls du es bis jetzt noch nicht ausprobiert hast, ist das heute deine Aufgabe. #Mondaydancechallenge. Dreh einen Lieblingssong auf, und los geht's, nicht umsonst heißt es »Dance like nobody's watching«.

Falls du heute oder die nächsten Montage einen kleinen *Mut*ausbruch haben solltest, darfst du die ganze Nummer natürlich auch aufzeichnen und bei Insta hochladen. Riesig würde ich mich über eine Markierung freuen, um mich dann ausgiebig mit dir zu freuen. Du wirst sehen, andere werden durch deine Energie mitgezogen, du zauberst ein Lächeln in Gesichter, aber das Allerwichtigste bist *du*. Du selbst sollst dabei das größte Lächeln im Gesicht tragen.

DENKEN, FÜHLEN, HANDELN

In deinem Kopf rattert es vermutlich gerade und du denkst: »Bei mir lacht keiner und ich finde Montage eben scheiße! Und jetzt?« Okay, kommen wir noch mal kurz zurück zu unseren Gedanken. Gedanken sind wahnsinnig wichtig, denn sie lösen eine Kettenreaktion aus:

Gedanken werden zu Gefühlen.

Gefühle werden zu deiner Haltung.

Deine Haltung bestimmt dein Handeln.

Ich wiederhole noch einmal für dich: *Niemand kann uns Gefühle und Gedanken in den Kopf setzen.* Jemand oder etwas kann Gefühle in uns auslösen, aber wir haben die Macht zu entscheiden, ob das auch so bleiben soll!

Stell dir vor, dass dich jemand in einen Teich voller Schlamm wirft. Du hast dann genau zwei Möglichkeiten. Erste Möglichkeit: Du bleibst im Schlammbecken und regst dich ununterbrochen darüber auf, dass du da drin bist. »Warum habe ich mich so nah an den Schlamm gestellt?«, »Wie soll ich den Dreck abkriegen?«, »Voll anstrengend, hier wieder rauszukrabbeln«, »Ich hasse Schlamm« und so weiter.

Zweite Möglichkeit: Du akzeptierst, dass du – warum auch immer – im Schlamm gelandet bist, und steigst wieder aus dem Teich heraus.

Spielen wir das Ganze mal kurz am Beispiel Montagmorgen durch, weil es so naheliegend ist. Sagen wir, der Montag löst in dir Gedanken aus wie »Oh nein, wieder eine ganze Woche Arbeit vor mir«, »Ich hasse es, wenn der Wecker um 6 Uhr klingelt«, »Das Wochenende war wieder viel zu kurz« …

Und jetzt mal kurz durchatmen, Augen schließen und reinfühlen.

Bitte was???

Ja, du hast richtig gelesen. Dieses Buch ist nicht nur zum Lesen da. Du hattest doch eine Portion Leichtigkeit und Freude bestellt? Dann lass uns mal kurz 'ne Runde fühlen.

Wiederhol noch einmal im Geiste deine negativen Sätze dem Montag gegenüber. Wie fühlen sich all diese Gedanken an? Fühlt es sich leicht oder schwer an? Spürst du, wie sich die Brust oder der Magen zusammenzieht? Verspannt sich der Nacken?

Alles Anzeichen für Stress. Stress, den du dir wohlgemerkt selbst zuführst. Stress, den du umgehend beenden kannst, indem du dich neu ausrichtest und dir ganz bewusst überlegst, wofür du am heutigen Montag dankbar bist.

Übung: Wofür bin ich dankbar?

Schreib drei Dinge auf, für die du dankbar bist und die dir spontan in den Sinn kommen.

Liam

Gesundheit

den schönen Abend gestern

Oh, die Skeptiker unter euch …, die denken gerade: »Also sich selbst austricksen, das soll das Geheimnis sein? Einfach negative Gedanken ausblenden? Als ob das so leicht wäre …« Es *ist* leicht, es erfordert lediglich ein wenig Übung, so wie alles Neue.

Außerdem gibt es einen gravierenden Unterschied: Wir blenden nichts aus! Und wir tricksen uns auch nicht aus! Wir haben die negativen Gedanken bewusst angeschaut und durchgefühlt und dann eine Entscheidung getroffen. Und zwar, dass diese Gedanken uns nicht dienen. Dass es schlauer wäre, sich bewusst für andere Gedanken zu entscheiden, die wiederum andere Gefühle in uns auslösen. Und dafür müssen wir uns entscheiden, den Fokus auf neue Gedanken zu richten.

Puh, das ging jetzt ganz schön schnell. Denkst du gerade: »Too much information?« Entspann dich, wir gehen das im Laufe dieses Buchs Schritt für Schritt gemeinsam durch.

MONTAGSGEDANKEN …

… sagen schon eine ganze Menge über uns aus. Ich behaupte jetzt nicht, dass ich jeden Morgen quietschvergnügt aus dem Bett hüpfe; natürlich bin auch ich mal müde oder muss mich motivieren, meine To-do-Listen abzuarbeiten. Aber ich kenne wirklich viele, die am Montag ständig sagen: »Ich wünschte, es wäre schon Freitag.« Und das finde ich wahnsinnig traurig.

Ich stelle mir vor, wie diese Menschen die Woche mehr oder weniger aussitzen. Lebenszeit aussitzen. Dabei muss aussitzen nicht »rumsitzen« bedeuten. Aussitzen kann auch heißen: arbeiten, Kinder versorgen, den Haushalt erledigen … Und weil der Tag ja noch nicht voll genug ist, baut man noch zusätzliche Sachen ein, die eher spaßbefreit sind, vielleicht die Steuererklärung.

Denkst du gerade: »Ja, wenn ich das alles nicht mache, macht es ja keiner. Wie soll das denn anders gehen?«

Genau mit diesen Fragen und damit, wie wir mehr Qualität und Freude in unserem Alltag unterbringen, befassen wir uns noch ausgiebig. Heute ist erst mal nur eine Frage wichtig: Was trennt dich davon, dich auf eine neue Woche zu freuen?

Sollte die Antwort lauten: »Ich hasse meinen Job«, werden wir uns das Problem im Kapitel über Visionen anschauen. Sind es eher der immer wiederkehrende Alltagstrott, Müdigkeit und Energielosigkeit? Das Gefühl von Unsicherheit, Unsichtbarkeit? Vielleicht auch Ängste, Wut, Neid und miese Laune? Fühlt sich alles schwer an? Hast du die Schnauze voll von anstrengenden Menschen oder schwerfälligen Tagen, die kein Ende nehmen wollen?

Dann ist es höchste Zeit, die Batterien zum Wochenstart aufzuladen und dich in eine neue Schwingung zu katapultieren!

Wir machen das Schritt für Schritt. Tanzen kann ein Tool sein, und bitte nicht gleich kategorisch ausschließen. Wir sind schließlich hier, um auch mal mutig was Neues zu wagen.

Das Universum spiegelt unsere Energie. Was wiederum bedeutet, dass wir selbst etwas verändern müssen. Schluss damit, die äußeren Umstände für alles verantwortlich zu machen. Wir drehen das ab heute um!

Das Leben besteht zu 10 Prozent aus dem, was geschieht, und zu 90 Prozent aus dem, was du daraus machst.

CHARLES SWINDOLL

Die Devise lautet: von innen nach außen. Das heißt, deine innere Haltung wird ab jetzt deine äußeren Umstände positiv beeinflussen. Und wenn du schon mal verstanden hast, wie viel das Ganze mit deiner ganz persönlichen Bewertung der Dinge, anderer Menschen oder der Umstände zu tun hat, haben wir für heute schon eine ganze Menge geschafft.

Wir holen uns die Macht über unsere Gedanken und Gefühle zurück. Tschakka!

#LieblingstagCheckliste

- Montag ist nur irgendein Tag, die Bewertung gibst du.
- Denken, Fühlen und Handeln hängen ganz eng miteinander zusammen.
- Es sind nicht die Tatsachen, die den Stress in uns auslösen, sondern die bewusste Entscheidung, dem Stress zuzustimmen.

Die Antwort ist immer in dir!

Welcher Gedanke könnte deine Energie nach oben katapultieren?

____

____

____

Deine drei Lieblingsgefühle?

____

____

____

Welches der drei Gefühle kannst du schon heute in dein Leben einladen? Bei welcher Gelegenheit, was kannst du dafür tun?

____

____

Lieblingstag 2

Was mich nicht glücklich macht, kann weg!

Platz schaffen für mehr Leichtigkeit

Häufig wissen wir nicht so genau, was wir eigentlich wollen. Und dadurch ist es auch schwierig, ein Ziel anzuvisieren. Es fühlt sich eher an, als würde man ständig im Kreis laufen und nirgends ankommen. Worüber wir uns allerdings viel klarer sind, sind die Dinge, die wir nicht haben wollen. Aus zweierlei Gründen ist das ein problematischer Zustand.

Zum einen haben wir ja schon kurz darüber gesprochen, dass das Universum uns spiegelt. »Die Welt ist nicht, wie sie ist; die Welt ist, wie du bist.« Heißt übersetzt: Wenn du dich tagein, tagaus mit Dingen beschäftigst, die du nicht in deinem Leben haben möchtest, brauchst du dich nicht darüber zu wundern, *dass* du sie in deinem Leben hast.

Runtergebrochen geht es darum, dass wir positive Formulierungen denken und aussprechen, da eben genau das vom Universum gespiegelt wird. Ich mache es noch etwas klarer für dich: Der Gedanke »Ich will nicht krank werden« sollte zu »Ich bleibe gesund« werden. Denn wenn wir die erste Formulierung wählen, hört das Universum nur »krank«, dein Unterbewusstsein hört ebenfalls »krank« und – Überraschung – du wirst krank. Mag sein, dass du diese Theorie für Hokuspokus hältst, aber achte mal drauf. Wir sind immer schlauer, wenn wir wirklich mal aufmerksam beobachten – uns selbst und auch unser Umfeld.

Das zweite Problem, das sich auftut, wenn wir uns mehr mit dem beschäftigen, was wir nicht wollen, als mit dem, was wir wollen, betrifft den Umstand, dass unsere Aufmerksamkeit nur in diesem Kosmos kreist und damit auch unsere Energie bindet.

Where attention goes, energy flows.

Unsere Energie geht dahin, wo unsere Aufmerksamkeit hingeht. Und da wir uns sicher alle darüber einig sind, dass unsere Energie nicht endlos ist, sollten wir sie doch clever einsetzen. Außerdem ist diese Energieverschwendung einfach anstrengend!

Und wir wollen ja Leichtigkeit und Freude. Mal kurz zwischendurch gefragt: Wenn du so an die Dinge denkst, die du nicht haben willst im Leben, lösen diese Gedanken in dir Leichtigkeit und Freude aus?

Nein? *Dann weg damit!*

Es ist sogar noch einfacher. Ich erinnere mich noch gut an die Zeit, in der ich unbedingt schwanger werden wollte, und mit einmal waren sie überall, die Schwangeren. »Wo kommen sie plötzlich alle her??? Das kann unmöglich immer so gewesen sein«, dachte ich. Doch, es war immer so, nur war meine Aufmerksamkeit zuvor woanders gewesen. Und genau so funktioniert es immer. Unser Verstand sucht den Abgleich für unsere Gedanken und Überzeugungen.

Meine Freundin und ich unterhielten uns kürzlich über Taxifahrer. Ihre Überzeugung ist: Die meisten Taxifahrer sind unfreundlich. Meine Überzeugung: Mit den meisten führe ich sehr freundliche Gespräche. Nun darfst du dreimal raten, wer von uns welcher Sorte Taxifahrer häufiger begegnet.

SELFFULFILLING PROPHECY

Lass uns ein Spiel spielen. Ich liebe Spiele. Erinnerst du dich noch an die Fluchkasse? Manche Eltern setzen sie bei ihren Kindern ein: Für jedes Schimpfwort geht ein Euro in die Kasse. Mein Spiel funktioniert so ähnlich, nur ohne Geld. Natürlich ist hier Selbstehrlichkeit gefragt. Partner und Kinder können das Spiel auch toll mitmachen. Gleichzeitig unterstützt man ihr Mindset, denn sie bekommen die Möglichkeit, andere und sich selbst zu reflektieren.

Also, du brauchst ein Blatt Papier und einen Stift. Bis dahin simpel. Natürlich darfst du es auch schöner gestalten und ein Plakat nehmen, gerne auch in einer Farbe deiner Wahl, schließlich soll dieser Zettel oder das Plakat in deiner Wohnung an einer gut sichtbaren Stelle an die Wand. Gut geeignet ist über dem Esstisch, im Wohnzimmer oder am Kühlschrank. Als Überschrift schreibst du »Was mich nicht glücklich macht, kann weg« drauf.

Und ab jetzt ist es für die kommenden Wochen eine Strichliste. Immer wenn du dich dabei ertappst, wie du Negativformulierungen denkst oder aussprichst, kommt ein Strich auf das Plakat. Ebenso beim sinnlosen Klagen oder Meckern. Spannend wird es dadurch, dass du zum einen überhaupt erst mal ein Bewusstsein darüber bekommst, wie häufig so was vorkommt, und zum anderen wirst du mit der Zeit spüren, dass diese Gedanken und Worte Anstrengung in dir auslösen. Und davon wollen wir uns ja lösen.

Und wenn sich deine Strichliste füllt, wird mit einem Mal eines ganz klar: Wir sind permanent dabei, unseren Alltag mit unseren Gedanken zu beeinflussen. Nur passiert dieser Prozess die ganze Zeit absolut unbewusst. »Selffulfilling Prophecy«, übersetzt: »sich selbsterfüllende Prophezeiung«, ist das, was passiert: Wir prophezeien uns selbst, was uns geschieht. Natürlich auch, weil unsere Aufmerksamkeit darauf gerichtet ist.

Und um genau diesen Kreislauf zu unterbrechen, müssen wir uns klar darüber sein, dass wir genau das tun. Wenn uns also klar wird, dass wir uns in einer Negativspirale befinden, können wir uns bewusst für eine Positivspirale entscheiden.

Meine persönliche Lieblings-Negativangewohnheit besteht übrigens darin, meine Sätze sehr häufig mit den Worten »Ich ärgere mich so …« oder »Hätte ich mal …« zu beginnen.

Jakob sagt dann immer: »Niemand ärgert dich so sehr wie du dich selbst. Hörst du dir eigentlich zu? Ich ärgere *mich*. Die Formulierung sagt doch schon alles.«

Oh Mann, er hat so recht. Im Prinzip bestrafen wir uns jedes Mal selbst, wenn wir das sagen.

Negativformulierungen und Gedanken –
Das kann definitiv weg!

ALLES, WAS REINKOMMT, MUSS AUCH IRGENDWANN WIEDER RAUS

Ein Riesenstressauslöser ist das Handy. Gut bei Kids zu beobachten, also auf jeden Fall bei meinen. Je mehr sie am Handy abhängen, desto aggressiver werden ihr Ton und Verhalten, sie werden lethargischer, können sich schlechter konzentrieren. Deshalb kontrollieren wir Eltern ja auch meistens den Konsum.

Aber was ist eigentlich mit uns? Da kontrolliert keiner. Ich gebe zu, dass ich auch ganz schön viel konsumiere, und von Zeit zu Zeit mache ich bewusst »Social Media Detox«. Aus mehreren Gründen. Zum einen merke ich, dass mich die Dinge, die ich dort sehe, unbewusst stressen. Instagram setzt mich, ob ich nun will oder nicht, unter Druck. Das liegt natürlich daran, dass wir im Glauben gehalten werden, dass alle mehr haben als wir. Mehr Freizeit, mehr Urlaub, mehr Geld, mehr Freude, mehr Abenteuer, mehr Selbstbewusstsein, mehr Aufträge, mehr Liebe, mehr Follower ... Die Liste ist endlos.

Daher versuche ich immer häufiger, das Handy wegzulegen. Mittlerweile gibt es bei uns handyfreie Tage und alle müssen sich daran halten, die Kinder und auch die Erwachsenen. Im Zuge dessen habe ich mir Folgendes angewöhnt: Immer wenn ich das Bedürfnis habe, zum Handy zu greifen, nehme ich mir stattdessen ein Buch und lese zwei bis drei Seiten.

Handyfreie Zeiten für alle ist eine sehr sinnvolle Idee und bringt etwas Leichtigkeit in den Alltag, wenn sich alle zusammen daran halten.

Endlose Handy-Zombies – kann weg!

Überhaupt, beobachte doch mal grundsätzlich deinen Medienkonsum. Was ziehst du dir so rein? Sind es überwiegend Nachrichten? Kein Wunder, dass wir dann ständig in Sorge und Stress sind. Du kannst auch auf dem Laufenden bleiben, ohne dir permanent alles anzuschauen und durchzulesen. Es sei denn, du arbeitest bei einem Nachrichtenmagazin. Tust du nicht?

Zu viele Schreckensmeldungen konsumieren – kann weg!

Ich liebe Trash-TV und gebe es offen zu. Manchmal reicht meine Konzentration nicht mal für eine Serie, in diesen Momenten will ich mich einfach nur berieseln lassen. Und dagegen spricht gar nichts. Doch auch hier gilt: alles in Maßen. Im Großen und Ganzen geht es darum zu schauen, wie viel Zeit ich überhaupt mit Medienkonsum verbringe. Was macht es mit mir und tut mir gut, was ich konsumiere? By the way, auch spannend für einen anderen Satz, den ich ständig höre: »Geht nicht, dafür habe ich keine Zeit.« Hmmm, wenn wir mal ganz ehrlich zusammenrechnen würden, wie viel Zeit für Handy, Fernsehen und Co. draufgeht, würdest du dich wundern, wie viel Zeit wir eigentlich haben.

Zeitfresser zu viel Nonsense-TV – kann weg!

DU ENTSCHEIDEST!

Wie gerne würde ich jetzt sagen: Weißt du noch damals, als wir in so verrückten Umständen gelebt haben? Zeitweise durften wir nicht raus, Unterricht zu Hause, ein wirres Hin und Her an Verboten ...

Wir können vielleicht nicht immer entscheiden, was uns im Leben passiert, aber wir können entscheiden, wie wir damit umgehen.

Kaum zu fassen, dass ganze drei Jahre später immer noch das blanke Coronachaos herrscht. Nein, wir wollen es positiv sehen: Wir sind in vielen Bereichen einen großen Schritt weiter und es ist nach wie vor wichtiger denn je, in die eigene Verantwortung zu gehen. Und damit meine ich: sein persönliches Glück nicht von äußeren Umständen abhängig zu machen.

Das Zitat eben enthält die Kernessenz von meinem Buch *Rosarotes Glück*. Für mich persönlich der größte Grad an Freiheit.

Nun, wir sind nach wie vor vielen Umständen ausgeliefert. Doch wie ich schon sagte: Das betrifft bloß die Umstände, *nicht* unsere Bewertung davon. *Wie* wir schwierige Zeiten gestalten und *was* wir daraus machen, liegt immer noch bei uns.

Eine Sache, die sich grundsätzlich verändert hat, ist, dass wir keine langfristigen Pläne mehr machen. Natürlich ist das eine Einschränkung, doch durch die rosarote Brille betrachtet hat es auch einen großen positiven Effekt: Wir schieben nicht mehr so viel auf. Gelegenheiten werden genutzt, aus dem einfachen Grund, dass wir nicht wissen, was morgen ist. Und weißt du, was das Allerverrückteste an der Sache ist? Es war nie anders! Wir wussten nie, was morgen ist, nur jetzt ist es uns allen mit einem Schlag klar geworden.

Sich immer noch über Corona ärgern – kann weg!

WIE WICHTIG IST DAS WIRKLICH GERADE?

Ein sehr schönes Buch, das ich im letzten Jahr gelesen habe, ist *Der Wald, vier Fragen, das Leben und ich* von Tessa Randau. Primär geht es um vier Fragen, die ich dir hier natürlich nicht verrate. Doch eine möchte ich gerne mit dir teilen. Sie hat mir das Leben in vielen Situationen wahnsinnig erleichtert, vor allem im Lockdown und beim Homeschooling. Die Frage lautet: »Wie wichtig ist das wirklich gerade?«

In meinem Freundeskreis beobachte ich, meistens bei Muttis, immer wieder fast zwanghafte Züge. Oft höre ich Sätze wie: »Meine Kinder erwarten das Mittagessen pünktlich nach der

Schule«, »Ich kann mich abends nicht aufs Sofa legen, wenn die Küche noch nicht sauber ist«, »Gestern saßen wir bis 23 Uhr an den Hausaufgaben«, »Ich hab das ganze Wochenende durchgearbeitet« und so weiter.

Bei mir zeigen sich Zwänge eher beruflich, besser gesagt: zeigten sich, denn ich habe diese Angewohnheit schon ziemlich erfolgreich abgelegt. Man muss dazu sagen, dass in unserer Branche alles sehr wichtig genommen wird, und selbstverständlich bin ich nach wie vor sehr professionell und absolut zuverlässig, doch ich sage auch immer häufiger: »Lass mal den Ball flach halten, wir operieren nicht am offenen Herzen.« Das bedeutet für mich, dass ich mich nicht mehr so verrückt mache oder übernehme. Ich höre besser auf meinen Körper und behandle mich gut. Diesen Anspruch sollte jeder an sich haben. Denn wenn du das nicht tust, macht es keiner!

Erstaunlich, wie lange so ein »Es geht so nicht weiter« weitergeht.

Privat kann ich ziemlich gut mal fünfe gerade sein lassen. Doch in herausfordernden Zeiten wie im Lockdown kam auch ich sehr an meine Grenzen. Das lag natürlich daran, dass das Private und das Berufliche so eng zusammenrückten. Da half es, in ganz vielen Situationen, die mich überforderten, mir die simple Frage zu stellen: »Wie wichtig ist das wirklich gerade?«

Der Tag war lang, es ist schon 19 Uhr – Hausaufgaben? Dann heute eben mal nicht. Die Küche sieht aus wie nach einem Anschlag, aber ich will jetzt einfach nur noch Netflix gucken. Das Geschirr räumt sich auch noch am nächsten Tag weg, halte dich fest: sogar noch zwei Tage später. Die Kids haben keine saubere Hose, weil ich es noch nicht geschafft habe, die Wäsche aufzuhängen – jetzt wird's richtig creepy –, sie überleben es einen Tag mit Flecken auf der Hose. Einkaufen war zeitlich nicht drin, die Kids kriegen heute ein belegtes Brot zum Mittag, so what!

Hilfreich sind noch zwei Anschlussfragen: »Ist die Sache, die ich tun muss, auch morgen noch relevant?« und »Ist sie in einer Woche noch relevant?« In den meisten Fällen lauten die Antworten Nein. Also warum zur Hölle der ganze Stress??? Warum einfach, wenn es auch kompliziert geht? Darin sind wir echte Experten!

Dinge tun, die nicht unmittelbar erledigt werden müssen – kann weg!

Ich denke, wir haben heute ordentlich ausgemistet. Eine ganze Menge kann weg. Manchmal muss man eben etwas Platz schaffen, damit Neues einziehen kann.

Ja, und wir dürfen jetzt auch ein bisschen über uns selbst lachen. Ist doch lustig, wenn man das mal reflektiert. Wir dürfen lockerer werden, wir dürfen auch ehrlich zu unseren Kindern und unserem Partner sein. Einfach sagen: »Leute, heute bin ich einfach zu müde zum Kochen, wer hat Lust, vor dem Fernseher Nachos mit Salsa zu essen?« Glaub mir, die Kids werden begeistert sein, und es passiert rein gar nichts, wenn wir mal alle Prinzipien über den Haufen werfen. Außer dass das Leben zwischendurch weniger anstrengend ist und ein Stückchen Leichtigkeit und Freude ins Haus kommt.

#LieblingstagCheckliste

- Where attention goes, energy flows – setz deine Energie clever ein.
- Selffulfilling Prophecy: Deine Gedanken bestimmen deine Realität.
- Wie wichtig ist das wirklich gerade? Diese Frage ist die einfachste Methode, um dein Stresslevel runterzuschrauben.

Die Antwort ist immer in dir!

Wenn du dich so über den Tag beobachtest, sind deine Gedanken eher positiv oder eher negativ ausgerichtet?

____

____

Hand aufs Herz! Grob gerechnet: Wie viel Zeit geht bei dir durchschnittlich für Handy- und Medienkonsum drauf? Welche Inhalte konsumierst du? Könnte es einen Zusammenhang mit deinem Stresslevel geben?

____

____

Verabschiede dich von drei schlechten Angewohnheiten, die dir, wenn du ehrlich bist, nicht guttun:

____

____

Lieblingstag 3

Auf die Plätze – egal wohin – los!

Der Weg zeigt sich nach dem ersten Schritt

Whoop Whoop, Tag 3 und du bist noch da! Wenn das kein Grund zum Feiern ist. Ja, wir sollten die Feste feiern, wie sie fallen. Sowieso sollten wir einfach viel mehr feiern. Einmal im Jahr Geburtstag und Silvester reicht definitiv nicht, also mir nicht. Wir sollten jedes verdammte Erfolgserlebnis feiern. Gut, nur weil du bisher nie großartig gelesen hast und jetzt gerade diese Zeilen liest, müssen wir nicht gleich 'ne Party schmeißen, aber du darfst es sehr wohl gebührend anerkennen. Meine liebste Laura Malina Seiler sagt immer: »Ein Erfolg ist ein Erfolg ist ein Erfolg.« Was so viel bedeutet wie: Mach keine Unterschiede. Ein Erfolg ist ein Erfolg, ganz egal, wie groß oder klein. Du bist heute 20 Minuten eher aufgestanden, um den Morgen zu entzerren – Erfolg! Dein Was-mich-nicht-glücklich-macht-kann-weg-Plakat hängt und es sind einige Striche darauf zu sehen – Erfolg! Gestern bemerkt, dass es eventuell einen Zusammenhang zwischen dem Konsum von Schreckensnachrichten und endlosen Sorgen oder schlaflosen Nächten gibt – Erfolg! Wäsche mal nicht aufgehängt, stattdessen ein paar Seiten im Buch gelesen – Erfolg!

Ich habe eine ganze Zeit lang jeden Tag meine Erfolgserlebnisse aufgeschrieben. Ich teile ein paar mit dir, damit du verstehst, wie klein manche waren, wobei die Wertschätzung riesig sein darf beziehungsweise sein soll:

»Obwohl der Tag ganz anders lief als geplant, bin ich ruhig und entspannt.« (Rückblickend war das schon ein Meilenstein für mich.)

»Extra für eine Meditation früher aufgestanden.«

»Ich konnte mich direkt nach einem Wutausbruch bei meinem Papa entschuldigen.«

»Treppen gelaufen, anstatt Fahrstuhl gefahren.«

»Eine Freundin getroffen und ganz bewusst gefühlt, wie sich Verzeihen anfühlt.«

»Toffifee-Packung aufgemacht und nicht ganz aufgegessen.«

Du siehst, es können wirklich ganz unterschiedliche Dinge sein, und unter uns – die Toffifee-Nummer war krass, hab ich so gut wie nie wieder geschafft, aber egal. Hauptsache, das Erfolgserlebnis wird in dem Moment wahrgenommen und gefeiert.

Nachdem wir uns im letzten Kapitel mit den Sachen beschäftigt haben, die wegkönnen, wollen wir uns jetzt in die Richtung bewegen, in die wir eigentlich wollen. Und jetzt kommt das Allerbeste: Wir brauchen nicht mal den ultimativen Masterplan, denn der Weg zeigt sich in dem Moment, in dem wir losgehen.

EINFACH MAL LOSGEHEN, OHNE ZU WISSEN, WOHIN

Keine Sorge, wir werden uns noch ausgiebig mit Visionsarbeit beschäftigen, doch jetzt geht's mir mehr darum, den Druck rauszunehmen. So ein großes Ziel kann einen antreiben, gleichzeitig kann es uns auch blockieren. Je nachdem, was für ein Typ Mensch wir sind. Und da ich jetzt nicht zu 100 Prozent weiß, wie du so tickst, spreche ich die Sorte Mensch an, die sich selbst eher im Weg steht, die Zweifler, Skeptiker und Gründesucher (also Gründe, warum Dinge *nicht* klappen sollten). Fühlst du dich angesprochen? Da kommen dann Gedanken wie: »Wo soll ich bloß anfangen? Als würde irgendjemand da draußen auf mich warten, es gibt ja schon so viele. Wie soll ich denn in meinen vollen Alltag noch Ziele unterkriegen, ich schaffe es ja grad mal aufs Klo und mit Ach und Krach, dieses Buch hier zu lesen?«

Ja, auch du, genau du, du, die null Komma null Zeit hat, wird es schaffen!

Wenn die Leichtigkeit langsam wieder bei dir einziehen darf, weil du bewusst anfängst, sie einzuladen, kehrt damit auch die Freude ein und – ganz verrückt – plötzlich wird Raum da sein. Raum für dich und deine Visionen.

Lass dich überraschen.

Der Tag, der dein ganzes Leben verändern kann, beginnt jeden Morgen aufs Neue.

Wie oft hast du schon mit etwas angefangen und nur weil es dann einen Tag nicht weiterging, hingeschmissen? Wie oft hast du dich schon von anderen verunsichern lassen, weil sie deine Ideen und Träume nicht verstanden haben? Andere müssen deinen Weg nicht verstehen, es ist ja nicht ihrer! Wie oft hast du schon gedacht: »Ab nächstem Jahr wird alles anders … ab nächstem Monat … ab nächstem Montag …«?

Dann kamen die äußeren Umstände, der Schweinehund oder das Dschungelcamp dazwischen und alle Pläne waren dahin.

Die gute Nachricht: Wir brauchen gar keinen offiziellen Starttermin, deshalb mag ich persönlich auch keine Neujahrsvorsätze. Finde sie irgendwie frustrierend. Ich stelle mir diese Millionen Menschen vor, die am ersten Januar anfangen, keine Süßigkeiten mehr zu essen, und zwei Tage später ist dann der blöde Geburtstag der Schwiegermutter – wieso muss die auch backen wie 'ne Göttin? Dann steht er da in seiner ganzen Pracht, der Schokoladenkuchen. »Er ist noch warm, frisch aus dem Ofen, wer will Eis dazu?«, hörst du deine Schwiegermutter mit den Tellern in der Hand sagen. Ganz ehrlich, wer zur Hölle kann da Nein sagen???

Gut, du isst ein Stück, mit jedem Bissen wächst das schlechte Gewissen und am nächsten Morgen ist alles weg. Bye-bye, Neujahrsvorsätze. Die zwei Tage waren schön mit euch, bis zum nächsten Jahr.

So muss es nicht sein. Wir können jeden Tag, jeden Moment neu starten und wir können auch nach einem kleinen schwachen »menschlichen« Moment weitermachen. Wir können einfach so tun, als wäre nichts passiert, oder, was noch viel besser und gesünder für die Seele ist, den Moment feiern. Jeden Bissen genießen und Danke sagen zu diesem schönen Moment. Ihn nicht als Schwäche wahrnehmen, sondern als Geschenk, und vor allem das Geschenk würdigen, dass wir am nächsten Tag einfach weitermachen können. Keine Selbstbestrafung.

Also, lass uns jeden Tag einen Neustart wagen und schauen, wo er uns hinführt. Nicht vergessen, hier ist jeder Tag ein Lieblingstag.

RITUALE

Ist dir schon mal aufgefallen, dass du dir eigentlich irgendwie ein anderes Leben wünschst und du trotzdem jeden Tag dieselben Routinen lebst?

Still und heimlich wünschst du dir, dass alles anders wird, dass Ruhe einkehrt oder sich endlich mehr Abenteuer in dein Leben verirren. Dass du die Kraft für Sport aufbringst, mehr Quality-Zeit mit deinem Partner verbringst; außerdem wolltest du doch das mit der gesunden Ernährung in Angriff nehmen, deine Freunde mal wieder sehen …, doch es passt einfach nicht in den eng getakteten Alltag.

Alles ist eine ständige Wiederholung.

Nichts ändert sich, bis man sich selbst ändert. Und plötzlich ändert sich alles.

Wir Menschen sind Gewohnheitstiere und besonders kuschelig finden wir die Komfortzone. Da kennen wir uns aus. Da ist es zwar todlangweilig, aber die Vorstellung, sie zu verlassen, ist halt so wahnsinnig anstrengend. Wer weiß, was einen dann erwartet, und nachher ist alles noch schlimmer.

Diese Gedanken sind ganz normal, denn nach der Komfortzone kommt die Angstzone und erst dahinter liegt die Spaßzone.

So 'n Mist! Was soll das denn? Wieso muss so 'ne blöde Angstzone dazwischenliegen? Das Interessante an der ganzen Sache ist, dass die Vorstellung rauszugehen viel anstrengender ist als das Handeln selbst. Da werden wir von unserem Kopf ordentlich ausgetrickst. Ich kann schon verstehen, dass du nicht freiwillig rauswillst, ist einfach zu anstrengend (also die Vorstellung davon).

Meiner Meinung nach ist an diesem Zustand nur eine Sache anstrengend, und das ist das Gedankenmuster, mit dem man in der Suppe der ständigen Wiederholungen sitzt.

Du denkst vielleicht, du nimmst den leichten Weg, aber auf lange Sicht bleibt das Leben in der Komfortzone langweilig und anstrengend. Warum anstrengend? Weil es dir keine Ruhe lassen wird. Die leise Stimme in deinem Herzen wird immer lauter werden und immer wieder versuchen zu sagen: »Ich will hier raus.« Du kannst sie weiterhin ignorieren, doch Leichtigkeit und Freude werden dadurch nicht bei dir einkehren, so viel ist sicher.

Wir können gemeinsam versuchen, dieses Muster in kleinen Schritten aufzubrechen. Fangen wir wirklich leicht an.

SEI STÄRKER ALS DEINE STÄRKSTE AUSREDE

Ich hab mich mal bei mir im Freundeskreis umgehört, was so die Lieblingsausreden meiner Freunde sind. Hier die Highlights. Kommen sie dir bekannt vor?

»Ich habe einfach keine Zeit«

»Zeit haben« ist so ein typisches Konstrukt, das uns in die Irre führt und auf das wir später noch zu sprechen kommen. Sidefact: In einer Untersuchung haben Forscher rausgefunden, dass die Menschen durchschnittlich 24 Jahre, 8 Monate und 14 Tage ihres Lebens im Internet verbringen – 40 Prozent beruflich bedingt und 60 Prozent privat. Ganz ehrlich: Wie viel Zeit nimmt das Internet in deinem Leben ein?

»Ich warte auf bessere Zeiten«

Wann soll das sein? Wenn du in Rente gehst? Manchmal bin ich einfach nur sprachlos, wenn ich das höre. Ich muss dich an dieser Stelle schütteln und dir knallhart ins Gesicht sagen: »Bessere Zeiten werden nicht kommen!«

Verschieberitis

»Das mache ich später«, »Morgen ist auch noch ein Tag«.

Nicht umsonst gibt es den Spruch: »Was du heute kannst besorgen, das verschiebe nicht auf morgen.« Wenn der Berg an To-dos zu hoch ist, nimm dir lediglich eine Sache davon vor und wertschätze, dass du diese eine Sache gemacht hast.

»Erst die Arbeit, dann das Vergnügen«

Das ist einer der beliebtesten Glaubenssätze, von Generation zu Generation wird er weitergegeben. Heute ist ein guter Zeitpunkt, um diesen Satz zu hinterfragen. Ist das die Wahrheit? Tut er mir gut?

Vielleicht macht mir meine Arbeit ja Spaß, dann ist sowieso alles anders. Vielleicht bin ich bei meiner Arbeit viel produktiver, wenn ich *zwischendurch* etwas tue, das mir Spaß macht, und nicht erst hinterher. Das lässt sich besonders gut bei Kindern beobachten. Früher hab ich auch häufig gesagt: Erst Hausaufgaben machen und dann das Vergnügen. Doch von Situation zu Situation dürfen wir neu entscheiden, und es gibt einfach Tage, da läuft es besser, wenn meine Jungs sich erst mal 'ne halbe Stunde auspowern oder Playstation spielen und im Anschluss lernen. Genauso dürfen wir es selbst handhaben und nicht blind irgendwelchen Prinzipien folgen.

»Eigentlich ist mein Leben ganz okay« oder »Man kann ja nicht alles haben«

Ausrede oder Schönreden?

Du weiß ja, ich bin absolut für Dankbarkeit, und deshalb hab ich auch direkt am Anfang des Buches über Dankbarkeit gesprochen. Ja, Dankbarkeit ist definitiv eines der effektivsten Tools, um Glück überhaupt wahrzunehmen. Es ist die Fähigkeit Nummer eins, dein Energielevel in die Höhe zu schrauben und damit mehr von der positiven Energie in dein Leben zu ziehen. Wir ziehen ganz klar das in unser Leben, was schon da ist, und nicht das, was wir brauchen. Mit anderen Worten: Mangel zieht mehr Mangel an und Fülle mehr Fülle. Das Universum, die Anziehungskraft, »Where attention goes, energy flows« … du erinnerst dich.

Doch ich möchte mit dir woandershin. Es gibt nämlich einen großen Unterschied zwischen dankbar sein und dabei den Raum der Möglichkeiten offenhalten für *mehr* oder sich ein Stück weit dahinter zu verstecken und das Ganze mit Bescheidenheit oder Demut zu verwechseln. Letztere sind zwei wertvolle Eigenschaften – die eine sorgt dafür, dass wir bodenständig bleiben, die andere hält uns davon ab, uns selbst zu wichtig zu nehmen, bezogen auf das große Ganze. Versteh mich nicht falsch, diese Eigenschaften sind Gold wert, doch wir dürfen trotzdem *mehr* wollen. Mehr zu wollen macht uns kein Stück weniger dankbar, bescheiden oder demütig. Und es macht uns auch nicht egoistisch, was ja sehr oft vermutet wird, wenn es ums Mehrwollen geht.

Dein Leben darf *mehr* als okay sein. Es sollte sogar richtig großartig sein. Nicht immer und zu jeder Zeit, aber dein Anspruch sollte sein, die Zeit deines Lebens wunderschön zu gestalten, gefüllt mit Freude und Leichtigkeit.

Also, gehen wir mal davon aus, dass bei dir schon einiges ordentlich funktioniert, anderes wiederum nicht. Du hast zum Beispiel eine tolle Ehe, spürst aber, dass beruflich noch mehr geht. Seit zehn Jahren arbeitest du in einem Büro – es erfüllt dich nicht, aber du sagst dir: »Ist ja nur der Job, ist doch normal, dass der nicht super sein muss. Dafür habe ich eine tolle Beziehung.« Und doch sagt eine Stimme in dir: »War's das jetzt oder kommt da noch was?« Aber bevor du dich motivieren kannst, etwas zu unternehmen und richtig loszugehen, kommt »Eigentlich ist mein Leben ganz okay« oder »Man kann ja nicht alles haben«.

In genau diesem Moment solltest du am besten mal kurz innehalten und den Satz überprüfen. Wer sagt eigentlich, dass wir nicht alles haben können? Was hält mich zurück?

Nichts ist zu gut, um wahr zu sein.

VEIT LINDAU

DIE LÜCKE

Die Antworten auf all diese neuen Fragen müssen nicht sofort da sein. Es reicht absolut, dass du dir diese Fragen überhaupt stellst. Dass du siehst, dass dein persönlicher Raum der unbegrenzten Möglichkeiten da ist. Dass *du* entscheidest, die Tür zu öffnen und überhaupt mal reinzugucken. Schau immer mal wieder, was hinter deinen Gedanken steckt, welche Angst oder Unsicherheit. Stell dir diese Fragen, die Antworten werden mit der Zeit schon kommen.

Es ist einfach wichtig, eine »Lücke« entstehen zu lassen. So nennt es Curse, den ich gestern in einem sehr inspirierenden Interview bei Lars Amends Podcast gehört habe. Er erzählte, dass genau diese Momente zu einem guten Coaching gehören. Eine »Lücke« ist ein Moment, in dem du eine Sache nicht sofort verstehst, sie hinterfragst und es eben etwas braucht, bis es oben ankommt.

Nicht jeder Sturm wirbelt dein Leben durcheinander. Manchmal räumt er auch einfach deinen Weg frei.

Wenn du etwas Neues wagst, reicht es nicht, nur schlaue Bücher zu lesen oder klugen Menschen zuzuhören. Wir müssen es erleben, neue Erfahrungen fühlen. Deshalb wäre es mir eine Herzensangelegenheit, wenn du mit meinem Buch Erlebnisse schaffst, dich auf Neues einlässt. Wenn du die Zeilen wirken lässt, das Buch auch kurz mal zuklappst, vielleicht einzelne Passagen noch mal liest und dich beobachtest. Gib dir eine echte Chance, Veränderung zuzulassen oder zu schaffen. Und vergiss nicht: Ministeps. Kein Stress, kein Druck.

Dein Ziel ist ja schließlich Leichtigkeit und Freude.

#LieblingstagCheckliste

- Veränderung braucht keinen besonderen Anlass. Du hast *in jedem Moment* die Möglichkeit, etwas zu verändern.
- Du kannst nicht immer dasselbe tun und andere Ergebnisse erwarten.
- Überprüfe deine Gedanken, vor allem Aussagen über dich selbst. Schaden sie dir oder nützen sie dir?

Die Antwort ist immer in dir!

Welchen Vorsatz hast du aufgegeben, weil etwas dazwischenkam? Du kannst heute einfach weitermachen:

___

___

___

Was ist deine persönliche Lieblingsausrede, von der du dich jetzt verabschiedest?

___

___

___

Welche Aussage über dich hat dich bisher kleingehalten? Wie lautet ihre positive Umkehrung?

___

___

Deep Talk

Mensch, trigger dich nicht!

Warum Triggerpunkte 'ne coole Sache sind, wenn wir sie umdrehen

Sicher kennst du das Wort »Triggerpunkte«, womit gemeint ist, dass uns etwas reizt. Bildlich kannst du dir Triggerpunkte wie kleine rote Knöpfe vorstellen. Als wären überall an deinem Körper kleine rote Sirenen, die sofort anspringen, wenn jemand bei dir ein Knöpfchen drückt. Meistens reagieren wir dann unverhältnismäßig stark. Andere schauen uns daraufhin ratlos an und auch die Person, die uns getriggert hat, ist irritiert und weiß oft gar nicht, was sie falsch gemacht hat. Doch anstatt das Problem beim Gegenüber zu suchen, gibt es viel smartere Weisen, mit dieser Situation umzugehen.

»ALLES, WAS DICH TRIFFT, BETRIFFT DICH«

Ich liebe diesen Satz, er ist ein richtiger Leitsatz für mich geworden und ganz viele Situationen haben sich durch ihn um 180 Grad gedreht. Ich werde dir erklären, was es mit ihm auf sich hat. In meiner Coachingausbildung ist mir dieser Satz ständig begegnet und auch du wirst in Zukunft noch oft an ihn denken.

Gerade im zwischenmenschlichen Bereich – ob es um deinen Partner geht, deine Eltern, deine Kinder, Freunde oder Arbeitskollegen – gibt es häufig Situationen, die sich wiederholen. Das wirst du feststellen, wenn du die Dinge etwas aufmerksamer beobachtest.

Den Klassiker in meinem Leben nenne ich liebevoll: »Jakob sagt das eine und Susan versteht das andere.« Wir sprechen dieselbe Sprache, und doch liegt häufig eine gewaltige Diskrepanz zwischen dem, was gesagt wird, und dem, was verstanden wird (gerade zwischen Frauen und Männern keine Seltenheit).

Ich zeige Jakob ein Bild aus meinem Shooting, das ich mega finde, und frage ihn, wie er es findet. Er antwortet nur trocken: »Ich mag ja nicht so Blumenmuster.« Verstehen tue ich allerdings: »Das Bild ist hässlich.« Sofort fange ich an zu diskutieren: »Um die Blumen geht es doch gar nicht, das Bild ist doch total schön, meine Freundinnen finden es alle total schön.« Er wieder: »Du hast doch nach meiner Meinung gefragt und ich finde, es gibt schönere.« Das kann ich einfach nicht so stehen lassen. »Jetzt abgesehen von den Blumen ist es doch megaschön, oder?« Langsam hat Jakob keine Lust mehr auf das Gespräch und es folgt nur ein »Was willst du eigentlich von mir? Soll ich einfach sagen, was du hören willst?«.

Jetzt könnte ein Streit entstehen. Doch *Stopp!* Ein guter Moment, um selbst kurz aus der Situation zu gehen und sich zu fragen: »Wo liegt eigentlich das Problem? Was trifft mich gerade?«

Ja, genau. Es *trifft* mich, dass Jakob mein ach so geliebtes Bild nicht so schön findet wie ich. Was kann ich tun? Es reicht schon, die Situation als genau diese wahrzunehmen. Es ist bloß seine Meinung. Es ist nicht die Wahrheit und es ändert auch nichts an meinem Bild. Das Einzige, was sich zeigt, ist meine eigene Unsicherheit. Denn wäre ich von meinem Bild total überzeugt, könnte ich ganz einfach antworten: »Ja gut, ist nicht dein Geschmack, aber ich liebe es.« Punkt.

Tja, Triggerpunkte sind 'ne miese Angelegenheit und dazu noch so wahnsinnig anstrengend. Und Anstrengung wollen wir ja größtenteils eliminieren. Lass uns also schauen, wo sich noch mehr Triggerfallen verstecken, damit du in Zukunft viel relaxter mit ihnen umgehen beziehungsweise just im kritischen Moment aus der Situation aussteigen kannst. Du wirst sehen, das bringt so was von Leichtigkeit ins Leben.

Deine #TriggerChallenge

Sobald du in den nächsten Wochen spürst, dass etwas dich triggert, stell dir selbst immer mal wieder die magische Frage: »Warum trifft mich das?«

BEI DER ARBEIT

Bei genauerer Betrachtung sind Triggerpunkte 'ne ziemlich coole Sache. Natürlich erst ab dem Moment, ab dem wir die Fähigkeit besitzen, sie zu erkennen. Denn dann können wir uns die beiden magischen Fragen stellen: »Warum trifft mich das?« und »Was hat das mit mir zu tun?«

Wir können dadurch so viel über uns selbst erfahren. Häufig sind in den Antworten richtige Schätze vergraben. Manchmal reicht *ein* gelöster Triggerpunkt, zum Beispiel mit deinem Chef oder deiner Chefin, und in Zukunft kann dich nix mehr so schnell aus der Bahn werfen.

Warum? Weil du einmal genau hingeschaut und rausgefunden

hast, wieso du immer an die Decke gehst, wenn ein Vorgesetzter dich bevormundet oder kleinmacht. Du hast rausgefunden, dass gar nicht *er* oder *sie* das Problem darstellt, sondern dass immer wieder das kleine Kind in dir getriggert wird, das zum Beispiel von seinem Vater, seiner Mutter, den Geschwistern etc. ständig bevormundet oder kleingemacht wurde.

Du hast vorher vielleicht noch nie darüber nachgedacht, dass es da einen Zusammenhang geben könnte. Doch wenn du anfängst, dir die wichtige Frage »Was hat das mit mir zu tun?« zu stellen, wird dir der Zusammenhang bewusst.

Die Erkenntnis gibt Klarheit und nimmt die Wucht raus. Dir leuchtet ein, dass du heute nicht mehr das kleine Kind bist und du als Erwachsene ganz anders damit umgehen kannst. Du weißt heute, dass dein Chef oder deine Chefin nur ihren Job machen, okay, vielleicht nicht besonders gut und vielleicht sind sie auch einfach Vollidioten, kann passieren. Aber du hast rausgefunden, dass er oder sie nicht das Hauptproblem ist, und damit ist ihre Macht über dich gebrochen. Du kannst aus der Situation bewusst aussteigen und anders reagieren. Damit werden auch sie automatisch ihr Verhalten ändern. Und selbst wenn nicht – es wird eine andere Ruhe und Gelassenheit einkehren, weil du jetzt gut mit deinen Triggerpunkten umgehen kannst.

Was sind weitere große Gefahrenquellen?

DIE ELTERN

Dein Tag hat super angefangen, die Kinder sind pünktlich in der Schule, du hast sogar noch Zeit, dir gemütlich einen Kaffee zu holen, die Sonne scheint, dein Telefon klingelt … »Hallo, Mama, wie geht's dir?« Ihre Stimme macht deutlich, dass irgendwas nicht stimmt. Nach kurzem Geplänkel kommt etwas unvermittelt: »Du bist ja beschäftigter als der Bundeskanzler persönlich, bald muss ich noch nach einem Termin bei dir fragen.« *Bähm*!

Jetzt gibt es nur zwei Reaktionen.

Du rufst in den Hörer: »Mama? Mama? Ich kann dich ganz schlecht verstehen, der Empfang ist nicht gut, ich ruf dich später an.« Oder du gibst zurück: »Wenn ich mir immer nur Vorwürfe anhören muss, hab ich natürlich auch keine Lust, mit dir zu sprechen.«

Okay, Reaktion eins war eher ein Scherz, wobei es vielleicht hin und wieder ganz hilfreich wäre. Meistens lösen solche Vorlagen einen Streit aus und es kommt zu Reaktion zwei. Warum passiert das?

Wenn du dich kritisiert fühlst, sagt etwas in dir, dass die andere Person recht hat.

Und, triggert dich dieses Zitat? Fangen die Stimmen in deinem Kopf schon an zu quatschen?

»Das ist doch Blödsinn, ich denke überhaupt nicht, dass die andere Person recht haben könnte!«

Ja, es kann sein, dass sich da ordentlich Widerstand regt, wenn wir mal eine These wie diese in den Raum stellen. Und dieser Widerstand ist eben deine persönliche Resonanz, ein unbewusster Teil in dir wird laut.

Gehen wir zurück zu dem Beispiel mit deiner Mama; wenn du magst, kannst du dir auch deinen Papa vorstellen. Was auch immer häufiger der Fall ist. Keiner von beiden??? Na, dann herzlichen Glückwunsch.

Deine Mutter stellt also einen Vorwurf in den Raum: »Du bist zu beschäftigt, du meldest dich zu selten.« Mit anderen Worten: »Du interessierst dich nicht für mich, du kümmerst dich nicht um mich.«

Die häufigste Reaktion ist der Gegenangriff. Doch nur selten ist das ein wirklich durchdachter Zug. Es ist eher eine einfache Reaktion, ein Impuls, der aus Wut, Angst, Scham oder aus schlechtem Gewissen erfolgt. Deshalb ist es gut, in genau diesen Situationen ganz kurz abzuchecken: »Warum trifft mich das?«

Du kannst nämlich auch entspannt bleiben, sobald du es für dich überprüft hast und für dich ganz klar sagen kannst: Es ist bloß *ihre* Wahrheit. Diese Wahrheit darf da sein, sie ist absolut berechtigt und genauso wahr wie deine. Du kannst sie stehen lassen und akzeptieren.

Und den Anteil in dir, der sich angesprochen fühlt, den darfst du auch ehrlich zeigen. Doch anstatt in den nächsten Angriff, Widerstand oder in die Verteidigung zu gehen, bleibst du ruhig und in deiner klaren Haltung. Du wirst sehen, dass sich die Situation dadurch automatisch entspannt.

Im Übrigen lässt sich dies auf jegliche Beziehung und jede Art von Vorwurf übertragen.

UNTER FREUNDEN

Diese eine Freundin, immer hat sie gute Laune, irgendwie kann sie nichts aus der Ruhe bringen. Egal ob Regen, geplatzte Ausflüge, Verspätung – sie findet immer etwas, weshalb die Situation ihr Gutes hat. Die Einstellung nervt dich total? Es ist fast so, dass du innerlich spürst: »Wenn sie noch ein Wort sagt, dann platze ich«?

Ha! Da ist er, der Triggerpunkt.

Ein guter Moment, um innezuhalten und zu überprüfen: Lohnt es sich, an die Decke zu gehen und deine Freundin dafür anzumeckern? Oder sitzt das Problem woanders? Ist es vielleicht eher so, dass es dir persönlich einfach wahnsinnig schwerfällt, die Dinge positiv zu sehen? Vielleicht gibt es sogar einen Anteil in dir, der gerne positiver wäre, aber irgendetwas lässt das nicht zu. Vielleicht warst du früher anders, doch schlechte Erfahrungen haben dich verändert.

Bei Instagram hat mir mal eine Leserin geschrieben, dass mein Buch sie total getriggert hat und ich als Person auch. Dieses ganze Heile-Welt-Gequatsche mit Rosarot und Glitzer hätte sie richtig aufgeregt, und trotzdem stolperte sie ständig über mich und mein Buch. Irgendwann musste sie es einfach kaufen und las es im Urlaub. Und plötzlich wurde ihr klar, was los war. Ganz weit unter dem Berg an Wut, Traurigkeit und Ohnmacht war ihr begeistertes inneres Kind vergraben. Es war nur mittlerweile so traurig, dass alles Fröhliche sie nur noch mehr verärgerte. Ein Anteil in ihr wollte es aber gerne zurückhaben und dieser sorgte dafür, dass sie immer wieder auf mich stieß. Bis sie mutig genug war, hinzuschauen und ehrlich zu sich selbst zu sein. Letztlich wurde ihr

Insta-Kommentar ein großes Dankschreiben an mich, über das ich mich von Herzen freue.

Was auch immer der Grund sein mag, du kannst aussteigen und dich kurz fragen: »Warum trifft mich das?«

AUF DEM SPIELPLATZ

Alles rund um unsere Kinder ist ein wahres Minenfeld an Triggerpunkten. Mal ganz abgesehen davon, dass die eine Hälfte an Mamis überzeugt ist, es am allerbesten zu wissen, und die andere Hälfte meist so verunsichert ist, dass sie sowieso alles aus der Bahn wirft. Für die zweite Sorte reichen schon Sätze wie: »Also wir kochen alles selbst zu Hause«, »Mit Schnullern haben wir gar nicht erst angefangen«, »Die Windeln sind wir schon lange los«, »Jedes Kind kann lernen, durchzuschlafen«. Puh!

Je klarer wir in unseren eigenen Entscheidungen sind, desto entspannter ist auch unsere Haltung. Es gibt nämlich im Bereich Kindererziehung kein Richtig und kein Falsch. Richtig ist, was funktioniert, und das ist nun einmal individuell sehr unterschiedlich. Doch je größer der verunsicherte Anteil in uns ist, desto angreifbarer sind wir. Und genau dieser Anteil ist vollkommen okay. Wir dürfen verunsichert sein, wir dürfen sagen, dass wir einfach gar nicht genau wissen, was für uns das Beste ist. Und wir dürfen auch sagen, dass wir unsere Erfahrungen doch bitte gerne selbst machen möchten. Das nimmt mal ordentlich den Wind aus den Segeln.

Und an alle Muttis, die sich gerade angesprochen fühlen, die gerne ungefragt alle möglichen Thesen und Tipps in den Raum schmeißen, wiederhole ich noch mal einen liebevollen Rat (der sehr lange an mich selbst ging):

Wenn jemand dich um Hilfe bittet: Hau raus! Alles, was du weißt. Fragt dich niemand – Klappe halten!

DER PARTNER

Uuuuuuhhh, ich plaudere noch mal aus dem Nähkästchen. Brandaktuell, gerade eben erst passiert. Jakob und ich sitzen beim Frühstück und die Jungs sind schon in der Schule. In knapp sechs Wochen möchte sich Jakob auf den Jakobsweg begeben. Das ist eines der Dinge, die auf seiner Bucketlist stehen. Das bedeutet, dass er etwa vier bis sechs Wochen unterwegs sein wird. Sehr aufregend, aus vielerlei Gründen. Zum einen natürlich, weil ich megagespannt bin, wie es ihm gehen wird, was er alles erlebt und was es mit ihm machen wird; und zum anderen bin ich tatsächlich das erste Mal so lange ohne ihn zu Hause.

Wenn du dir eingestehst,
dass dich etwas triggert,
macht dich das stärker.

Andersherum hatten wir die Situation schon häufig. Gerade erst war ich für die Dreharbeiten von *LEON – Glaub nicht alles, was du siehst* für sechs Wochen auf Rügen und in der Zeit nur zweimal kurz fürs Wochenende zu Hause. Die Rollenverteilung ist bei uns etwas verschoben beziehungsweise es gibt gar keine. Alles wird spontan den Umständen angepasst, so war es immer.

Nun, wir sitzen also am Frühstückstisch und Jakob sagt: »Das wird 'ne richtige Challenge für alle, wenn ich so lange weg bin, und die Jungs haben eine Möglichkeit, noch selbstständiger zu werden.«

Daraus ergab sich folgende Situation. Zuerst veränderte sich mein Gesichtsausdruck in Stirnrunzeln. Dann folgte ein flapsiges »Ach so, weil ich das natürlich alles nicht alleine schaffe und die Kinder deshalb alles selbst machen müssen, oder wie?«.

Jakob schaute mich nur an und sagte, er hätte das doch gar nicht gesagt und ich würde ja gerade über Triggerpunkte schreiben: »Hier hast du einen!«

Puh, ehrlich gesagt, hat mich diese Bemerkung erst recht getriggert und ich wollte es so natürlich nicht stehen lassen. Ich sagte nur: »Gut, vielleicht hast du es so nicht gesagt, aber was wolltest du dann damit sagen?« Er nur: »Na das, was ich auch gesagt habe, dass es eine neue Herausforderung für alle ist.«

Ist das nicht irre spannend? Dadurch, dass ich mich durch das Schreiben intensiv mit dem Thema Triggerpunkte auseinandergesetzt hatte, war es mir möglich, in dieser Situation direkt auszusteigen. Ich fragte mich: »Was trifft mich gerade?« Und wenn ich ganz ehrlich bin, gibt es den Anteil in mir, der tatsächlich Angst hat, alles nicht so gut allein zu schaffen. Und weil es ihn gibt, fühle ich mich angegriffen und gehe automatisch in die Verteidigung. Zwei wichtige Dinge werden mir genau jetzt klar:

1. Es ist vollkommen okay, ehrlich zu sein und mir einzugestehen, dass es diesen Anteil in mir gibt. Das macht mich nicht schwächer, sondern stärker, denn ich nehme es ganz bewusst wahr.
2. Ich muss mich nicht streiten. Denn ich sehe ganz klar meinen Anteil in der Situation und kann ihn verändern.

Tipp: Gerade bei Gesprächen zwischen Frauen und Männern immer unbedingt nachfragen. Denn wie ich anfangs schon schrieb: »Mann sagt und Frau versteht häufig was anderes.«

Männer sind meistens einfacher gestrickt als Frauen. Das, was sie sagen, ist tatsächlich meistens auch genau das, was sie meinen – ganz ohne den Subtext, den wir uns dazudichten.

Es ist sogar ganz witzig, wenn wir darüber nachdenken. In einer solchen Situation werfen wir ihnen meistens etwas an den Kopf – aufgrund unserer Bewertung, die wohlgemerkt ausschließlich in unserem Kopf stattfand. Die Männer wissen deshalb oft gar nicht, wovon wir sprechen, obwohl es uns so logisch erscheint.

Liebe Frauen, alles gut, wir sitzen zusammen in dem Boot.

ALARM

Triggerpunkte, die kleinen, aber fiesen Alarmknöpfe, springen immer an, wenn bei dir ein Thema getriggert wird. Denn hättest du kein Thema, gäbe es auch keinen Alarm. Das bedeutet im Umkehrschluss: Es ist völlig egal, wer da draußen bei dir die Knöpfchen drückt, solange sie da sind, springen sie an.

Also anstatt die ganze Mühe und Anstrengung aufzubringen und immer wieder den Übeltäter, den Auslöser anzumeckern oder verändern zu wollen, schau lieber genauer hin und zieh dir selbst ein für alle Mal den Stecker! Häufig stecken dahinter ganz alte Glaubenssätze, und die schauen wir uns an einem anderen Tag genauer an.

#LieblingstagCheckliste

- Alles, was dich trifft, betrifft dich.
- Wenn du dich kritisiert fühlst, sagt etwas in dir, dass die andere Person recht hat.
- Jeder Triggerpunkt ist ein Geschenk, sobald du checkst, was dahintersteckt.

Die Antwort ist immer in dir!

Drei Dinge, die dich so richtig auf die Palme bringen:

___

___

___

Warum trifft dich das?

___

___

___

Welche unbewussten Überzeugungen könnten sich dahinter verstecken?

___

___

___

Spielzeugtag

Hallo, MeTime – ich lade dich ein

MeTime bringt Ruhe und Gelassenheit ins ganze Haus

Als ich einer Freundin von meiner Buchidee erzählte und sagte, dass der letzte Tag der Woche immer der Spaßtag sein sollte, meinte sie: »Genau wie bei meinem Sohn. In der Kita ist am Freitag auch immer Spielzeugtag.« Da strahlte ich sie nur an und sagte: »Genauso hab ich mir das vorgestellt.«

Vielleicht ist bei dir heute gar nicht Freitag, so what, schnurzpiepegal! Denn was ist die allerwichtigste Regel? Ab jetzt ist jeder Tag Lieblingstag. Und heute ist *dein* Tag. Ein MeTag voller MeTime, also Zeit, in der du machst, was *dir guttut*. Du kannst dich auch gern erst mal inspirieren lassen und dann den Spielzeugtag auf morgen legen. Die Hauptsache ist, du machst es. Deal?

EINFACH MAL SO TUN, ALS WÜRDE SICH DER TAG NUR UM DICH DREHEN

Komm, wir machen eine kleine Fantasiereise. Stell dir mal vor, alles wäre möglich. Was würdest du dann heute gerne machen? Ich weiß, das lässt sich manchmal gar nicht so leicht sagen. Denn normalerweise dreht sich alles um die Kids, die Arbeit, den Partner oder um etwas anderes, nur nicht um dich. Bei Kindern muss der eine zum Kindergeburtstag, die andere zum Ballett. Sowieso bist du nur das Taxi. Und dein Mann hat heute Morgen beim Rausgehen bloß gesagt: »Ich geh dann später noch mit den Jungs ein paar Bälle werfen. Bis heut Abend« – absolut normal, dass du währenddessen den Rest übernimmst.

Ist es nicht faszinierend, dass die Männer (ich rede nicht von allen) häufig gar nicht groß darüber nachdenken, ob es okay ist, dass sie einfach so gehen und etwas für sich machen? Als wäre das selbstverständlich. Aber wenn du mal etwas für dich machen willst, muss gefühlt ein ganzer Plan gestrickt werden.

Das fängt damit an, haarklein zu erklären, was an dem Nachmittag alles ansteht. »Um 14 Uhr kommen die Kinder aus der Schule, bitte denk dran, das Essen pünktlich aufzuwärmen, und Mia mag keinen Brokkoli, den vorher weglegen, sonst rührt sie das Essen gar nicht an. Dann Hausaufgaben. Solange die nicht fertig sind, kein Handy. Achte bitte darauf, dass Paul sauber schreibt, und Mia soll danach alles wieder ordentlich in den Ranzen packen. Paul muss dann zum Fußball, denk an die Trinkflasche die vergisst er immer. Mia wird dann von ihrer Freundin um 17 Uhr abgeholt. Mütze und Schal nicht vergessen, sie ist doch so anfällig. Ich schick dir noch die Nummer von der Mutter ihrer Freundin. Wenn beide zurück sind, Hände waschen. Und bitte schau, dass sie sich nicht wieder wegen des Fernsehprogramms streiten. Am besten bleibt der Fernseher aus …«

Kommt dir so ein Vortrag bekannt vor? Also ich kenne das nicht nur von mir, als meine Jungs noch kleiner waren, sondern von ganz schön vielen in meinem Umfeld.

Wo kommt das her? Natürlich aus dem Wunsch heraus, die Kontrolle zu behalten. Doch behalten wir sie wirklich oder laden wir uns völlig umsonst 'ne zusätzliche Ladung Stress auf? Wir wollen zurück zum Spielzeugtag, dem Tag, der sich um dich dreht. Der ohne Stress. Deine MeTime. Wie kommst du denn da nun hin?

Ja, unsere Männer machen sicher einiges anders als wir, aber wäre es wirklich so schlimm, wenn alles mal nicht nach Plan laufen würde? Da kommen wir noch mal zu meiner Lieblingsfrage: »Wie wichtig ist das wirklich?«

Zeit hat man nicht, Zeit nimmt man sich. Für alles, was einem wichtig ist.

Gehen wir vom Worst-Case-Szenario aus: Mia rührt das Essen nicht an, weil der Brokkoli auf dem Teller liegt. Papa macht ein paar lustige Witze und 'ne Schüssel Cornflakes als Ersatz. Paul vergisst die Trinkflasche, dafür geht's mit Papa auf dem Weg bei der Tanke vorbei, juhu, heute gibt's sogar Apfelschorle. Mütze und Schal liegen zu Hause, die Kids überleben es trotzdem. Und am Abend gucken alle drei zusammen einen Film. Hausaufgaben wurden sogar auch gemacht – okay, Papa hat die Kids mit Schokoriegeln bestochen.

Was hast du in der Zwischenzeit gemacht? Deine MeTime genossen. Alleine oder mit Freundinnen, beim Sport, einer Massage, einem kleinen Bummel, mit einem guten Buch im Café oder was auch immer. Und hoffentlich ohne schlechtes Gewissen oder ständiges Checken deines Handys (weil ja »etwas sein könnte«). Was kommt am Ende dabei raus?

Happy Kids – happy Mama.

So ein MeDay oder meinetwegen auch nur zwei, drei MeStunden werden allerdings immer gerne verschoben, da alles andere Vorrang hat … Und genau dieses Muster wollen wir nun durchbrechen. Du möchtest gut für andere sorgen? Dann kümmere dich erst einmal um dich. Werde zu deiner Priorität.

Hier sind vier kleine Tipps für mehr Freiräume.

Termin im Kalender eintragen!

Ein Arzttermin ist wichtig, deshalb notierst du ihn in deinem Kalender. Du würdest ihn auch nicht leichtfertig verschieben, egal wie hoch der Wäscheberg ist.

Ein Termin mit dir selbst muss genau den gleichen Stellenwert haben. Trag dir einmal in der Woche (mindestens einmal – da ist Luft nach oben, aber wir tasten uns ran) ein Zeitfenster für MeTime in den Kalender ein. Trag dir diesen Termin fest ein und gib ihn nicht für irgendwas anderes auf!

»Ich geh kurz was einkaufen!«

Hat dich nach so einer Aussage schon mal jemand aufgehalten?

Du gehst aber nicht einkaufen. Steck dir ein schönes Buch ein und ab zur nächsten Parkbank. Vielleicht auf dem Weg noch einen Coffee to go. Und nach 'ner knappen Stunde geht's nach Hause. Eine Miniauszeit mit großer Wirkung.

Unsere Vereinbarung

Ich liebe Vereinbarungen. Der Unterschied zu Regeln liegt darin, dass Vereinbarungen gemeinsam getroffen werden und jederzeit erneuerbar sind.

Eine schöne ausgewogene Vereinbarung mit dem Partner

könnte lauten, dass beide eine festgelegte MeTime bekommen. Jeder darf natürlich selbst entscheiden, was er damit anstellt, ob Sport, Freunde treffen oder einfach nur relaxen. Die Hauptsache ist, dieser Termin steht bei beiden im Kalender und beide kümmern sich darum, dass er tatsächlich stattfindet.

Noch ein kleiner Tipp am Rande: Bloß nicht aufrechnen! Das ist der Anfang vom Ende. Hier geht es wirklich darum, den Partner zu unterstützen und auch mal zu spüren, wie schön es sich anfühlt, ihm eine MeTime zu ermöglichen.

Einfach mal ehrlich sein

Den Kids ganz ehrlich sagen: »Wisst ihr, Mama ist heute richtig müde. Kennt ihr das, wenn man so gar keine Kraft hat? Wir sind doch ein richtig gutes Team und später will ich euch noch was Leckeres zaubern, aber dafür brauche ich jetzt mal eine halbe Stunde nur für mich. Ihr haltet solange die Stellung und passt auf.« Je nach Alter der Kids kann man ihnen noch kleine Aufgaben geben. Kinder lieben es, Verantwortung zu übernehmen, sie sind richtig stolz, wenn sie es dann geschafft haben.

Und dann ab mit dir ins Schlafzimmer. Ob du dann liest, 'ne Folge deiner Lieblingsserie schaust oder die Augen schließt, liegt ganz an dir.

An unseren vier Spielzeugtagen, die wir hier gemeinsam verbringen werden, möchte ich dir zukünftige Wegbegleiter zur Seite stellen. Doch es wird deine Aufgabe sein, sie immer mehr in dein Leben einzuladen. Die »MeTime« macht den Anfang und ist wahrscheinlich das größte Geschenk, das du dir selbst machen kannst.

Ich wünsche dir Zeit

ICH WÜNSCHE DIR NICHT ALLE MÖGLICHEN GABEN.
ICH WÜNSCHE DIR NUR, WAS DIE MEISTEN NICHT HABEN:
ICH WÜNSCHE DIR ZEIT, DICH ZU FREUN UND ZU LACHEN,
UND WENN DU SIE NÜTZT, KANNST DU
ETWAS DRAUS MACHEN.
ICH WÜNSCHE DIR ZEIT FÜR DEIN TUN UND DEIN DENKEN,
NICHT NUR FÜR DICH SELBST, SONDERN AUCH
ZUM VERSCHENKEN.
ICH WÜNSCHE DIR ZEIT – NICHT ZUM HASTEN UND RENNEN,
SONDERN DIE ZEIT ZUM ZUFRIEDENSEINKÖNNEN.
ICH WÜNSCHE DIR ZEIT – NICHT NUR SO ZUM VERTREIBEN.
ICH WÜNSCHE, SIE MÖGE DIR ÜBRIGBLEIBEN
ALS ZEIT FÜR DAS STAUNEN UND ZEIT FÜR VERTRAUN,
ANSTATT NACH DER ZEIT AUF DER UHR NUR ZU SCHAUN.
ICH WÜNSCHE DIR ZEIT, NACH DEN STERNEN ZU GREIFEN,
UND ZEIT, UM ZU WACHSEN, DAS HEISST, UM ZU REIFEN.
ICH WÜNSCHE DIR ZEIT, NEU ZU HOFFEN, ZU LIEBEN.
ES HAT KEINEN SINN, DIESE ZEIT ZU VERSCHIEBEN.
ICH WÜNSCHE DIR ZEIT, ZU DIR SELBER ZU FINDEN,
JEDEN TAG, JEDE STUNDE ALS GLÜCK ZU EMPFINDEN.
ICH WÜNSCHE DIR ZEIT, AUCH UM SCHULD ZU VERGEBEN.
ICH WÜNSCHE DIR: ZEIT ZU HABEN ZUM LEBEN!

ELLI MICHLER

Wandel

Lieblingstag 6

Gedankenkarussell – eine neue Runde, eine neue Wahnsinnsfahrt

Veränderung ist nur einen Gedanken entfernt

GUUUUUUTEN MORGEN!

Guten Mittag!

Guten Abend!

Wann erwische ich dich gerade? Ich stelle mir beim Schreiben immer total gerne vor, wie du gerade mein Buch liest. Ich finde das immer noch so surreal, obwohl das ja nun mein zweites Buch ist. Aber der Gedanke, dass du irgendwo auf der Welt dir die Zeit genommen hast, *mein* Buch zu lesen, das ist einfach wow, unbeschreiblich schön. Ich stelle mir vor, dass du genau jetzt, in diesem Augenblick das Gefühl hast, ich spreche nur mir dir! Dass all diese Zeilen nur für dich sind. Und weißt du was? Genauso ist es. Das liebe ich so sehr an Büchern, das ist die Magie.

Ein Buch kann so viel. Es schenkt uns MeTime, Entspannung, lässt uns in andere Welten eintauchen, Gefühle dürfen sich zeigen, wir lachen, wir weinen; bei einem guten Thriller sind wir hellwach und spüren jede Körperzelle und manche Bücher verändern sogar unser gesamtes Leben. Das ist mir nicht nur einmal so ergangen. Es liegt vermutlich daran, dass wir einem Buch so viel Aufmerksamkeit schenken, und weil es keine Person ist, die da mit uns spricht, unterbrechen wir auch nicht. Der automatische Impuls zu bewerten, zu hinterfragen und zu diskutieren ist für einen kleinen Moment nicht möglich; wir nehmen einfach auf, und genau das gibt uns die Chance, neue Sichtweisen an uns heranzulassen. Sie dürfen in unserem tiefsten Inneren ankommen. Das ist ein wahres Geschenk. Und diese Eigenschaft empfehle ich dir auch in das reale Leben zu übertragen: Wirklich zuhören ist eine Kunst.

Ich habe ja gerade erst meine Ausbildung zum Inspirationscoach bei Greator beendet. Ein Jahr lang durfte ich eine unfassbare Reise zu mir selbst machen und dabei so unglaublich viel über Menschen lernen. Begleitet von Christina und Walter Hommelsheim, wahre Koryphäen im Bereich persönliche Weiterentwicklung, die all ihr Wissen, das sie in den unterschiedlichsten Bereichen gesammelt haben, mit uns geteilt haben. Ihren Podcast »Erfolgreich glücklich SEIN« möchte ich dir an dieser Stelle empfehlen. So viele großartige, wichtige Themen! Du kennst es ja schon – wenn ich von etwas begeistert bin, muss ich es mit dir teilen.

Eine sehr einfache und doch wertvolle und wichtige Technik der Unterhaltung, die ich kennenlernen durfte, ist die »Herzzeit«. Der Unterschied zu einer normalen Unterhaltung besteht darin, dass immer nur einer spricht und der andere für einen vorgegebenen Zeitraum bloß zuhört. Sagen wir fünf Minuten, und fünf Minuten können sehr lang sein, wenn nur einer spricht. Die Herausforderung liegt tatsächlich auf beiden Seiten, auch wenn man im ersten Moment glaubt, dass das Zuhören schwieriger sei. Für die Person, die spricht, ist es neu, dass keine Reflexion kommt, keine Unterbrechung, keine Bewertung. Was dazu führt, dass wir die Möglichkeit haben, bei uns und unseren Gefühlen und Gedanken zu bleiben. Und die Person, die zuhört, hört wirklich einfach zu. Glaub mir, ebenfalls sehr ungewohnt. Du wirst merken, wie oft der Impuls in dir hochkommt zu unterbrechen. Das liegt daran, dass wir die Dinge immer auf uns beziehen und Knöpfchen gedrückt werden – du erinnerst dich: Triggerpunkte. Darüber haben wir ja ausführlich im Deep Talk gesprochen.

In unserer Ausbildung haben wir die Technik in erster Linie natürlich gelernt, weil es in einem Coaching immer um die andere Person geht und nicht um einen selbst. Fragen statt Sagen ist das oberste Gebot. Erfahrene Coachs können eine Richtung weisen, aber die wahre Kunst liegt in den richtigen Fragen. Denn die Antwort ist nur in dir.

Die meiste Zeit im Leben verbringen wir in unserem Kopf. Achte darauf, dass dies ein Ort ist, an dem du gern sein magst.

Und so schließt sich der Kreis, denn Lesen ist eine reine Herzzeit mit dir selbst. Beim Lesen haben wir auch die Möglichkeit, unsere Gedanken zu beobachten. Was passiert, wenn du diese Zeilen liest? Alles passiert nur in deinem Kopf, in deinen Gedanken. Wie du diese Zeilen bewertest, ob du darüber schmunzelst, die Augen verdrehst, weil dir das doch etwas zu albern wird, oder dein Herz anfängt zu klopfen, weil du die Magie spürst – ganz egal was, es sind deine Gedanken.

Dass unsere Gedanken eine riesengroße Macht haben, ist mittlerweile ziemlich klar, oder? Der wichtigste Fakt aller Fakten zum Thema Gedanken ist allerdings:

Wir sind nicht unsere Gedanken!

Ein simpler Selbstversuch genügt, um sich von dieser Tatsache zu überzeugen. Denk jetzt mal kurz an einen Menschen, den du besonders gernhast. Und nun schau mal, wo sich der Gedanke gezeigt hat. Im Kopf? Oder war es eher ein Gefühl? Hast du ein Bild vor Augen gehabt?

Ich habe kurz an meine Kinder gedacht. Vor meinem inneren Auge hab ich die zwei gesehen und dabei musste ich unwillkürlich lächeln.

Was zeigt uns das kleine Experiment?

Wir sind in der Lage, unmittelbar zu entscheiden, an was oder wen wir denken möchten, und gleichzeitig sind wir in der Lage zu beschreiben, wo und wie sich der Gedanke gezeigt hat. Also, was genau meine ich damit? Wenn ich ganz aufmerksam bin, kann ich sogar ein Gefühl dazu deuten, welches eventuell etwas Körperliches in mir auslöst. Wow, der Wahnsinn! Und da all das möglich ist, weiß ich ganz sicher: *Ich bin nicht meine Gedanken.* Aber ich habe Einfluss auf meine Gedanken und damit auch auf meine Gefühle.

Ich stelle es mir wie ein altes Kinderkarussell vor. Kannst du es sehen? Dazu höre ich automatisch die Musik eines alten Leierkastens: Ich stelle mir vor, wie ich auf einem weißen Pferd sitze und wir fahren im Kreis. Genau wie meine Gedanken einfach in meinem Kopf kreisen. Nun gibt es einen Knopf, damit das Karussell anhält, wenn ich nicht mehr mag, sodass ich aussteigen kann. Ich fahre also ein paar Runden und merke, dass es mir mit dem Gedanken nicht gut geht; ich drücke den Knopf und steige aus meinem Gedankenkarussell aus.

THE WORK

Stellen wir uns folgende Situation vor: Da ist dieser eine Gedanke und du wirst ihn einfach nicht los. Er macht dich wütend oder traurig. Er blockiert dich oder verwirrt dich. Kurz, er tut dir nicht gut! Zum Glück gibt es eine Methode, die du in Zukunft immer wieder nutzen kannst, wenn dir so ein Gedanke im Wege steht.

Dazu ein kleines Beispiel aus meinem Leben. Heute Abend läuft die Premiere von einer Show im Fernsehen, bei der ich mitgewirkt habe. Ich bin schon voller Vorfreude auf die Ausstrahlung, du weißt ja bereits, dass meine Emotionen immer etwas größer ausfallen. So bin ich auch bei Ausstrahlungen wie ein kleines Kind vor Weihnachten. Da ist eine Mischung aus Nervosität und Vorfreude. Ich also irgendwann im Laufe des Tages zu Jakob: »Gucken wir heute Abend zusammen?« Und er antwortet: »Nee, heute hab ich keine Lust, ich gucke mir das ein andermal an.«

Bähm! Die Übersetzung dieser Situation kommt in folgenden Worten in meinem Kopf an: Jakob will sich die Show nicht angucken, weil er meine Arbeit nicht gut findet. Jakob wertschätzt meine Arbeit nicht. Zusammengefasst: Ich fühle mich nicht wertgeschätzt. Und das macht mich natürlich traurig, unsicher und auch wütend.

Und nun kommt die Methode ins Spiel. Sie ist von Byron Katie und beinhaltet vier kraftvolle Fragen, die eine große Veränderung bringen. Byron Katie ist eine US-amerikanische Lehrerin und Bestsellerautorin. 1986 entwickelte sie die Methode »The Work«, die seitdem um die Welt geht und bei sehr vielen Coachings erfolgreich genutzt wird. Nehmen wir also mein Beispiel von eben, meinen Gedanken: »Jakob wertschätzt mich nicht.«

ES IST
UNMÖGLICH,
GLEICHZEITIG
dankbar
und wütend
ZU SEIN.

Nun können wir an dieser Beispielaussage (der ich Glauben schenkte und die mich traurig stimmte) einmal gemeinsam die Methode von The Work durchspielen.

Hier kommen die vier Fragen, die ich mir stellen darf:

1. Ist das wahr?
2. Kannst du mit absoluter Sicherheit, zu 100 Prozent wissen, dass das wahr ist?
3. Wie reagierst du? Was passiert, wenn du diesen Gedanken glaubst?
   Was passiert in deinem Körper? Wie fühlst du dich, was macht es mit dir? Fühlst du dich leicht oder schwer? Hast du das Gefühl, dieser Gedanke tut dir gut? Wahrscheinlich nicht, sonst würden wir das Spiel ja gar nicht spielen.
   Und nun versuch dir Folgendes vorzustellen:
4. Wer wärst du ohne den Gedanken?

Also auf Frage eins kam bei mir natürlich wie aus der Pistole geschossen: Ja natürlich ist das wahr! Deshalb bin ich ja so traurig.

Bei Frage zwei musste ich etwas länger nachdenken und – ja gut, vielleicht ist es nicht die ultimative Wahrheit. Sicher gab es schon andere Situationen, auf die das eher zutraf, aber diese fühlt sich eben genauso an.

Womit wir auch schon bei Frage drei wären. Der Gedanke, dass Jakob mich nicht wertschätzt, macht mich traurig. Und weil ich bekanntlich eine Heulsuse bin, weine ich auch. Ich steigere mich ordentlich rein und werde zusätzlich auch noch wütend, weil ich das so einfach nicht akzeptieren möchte.

Nun zu Frage vier. Ich weiß, das hört sich erst mal absurd an, aber lass dich einfach mal darauf ein. Stell dir wirklich vor, es wäre dir unmöglich, diesen Gedanken zu denken. Als ich mir anfing vorzustellen, dass es diesen Gedanken nicht gibt, wurde mir etwas leichter ums Herz. An die Skeptiker da draußen: Ja, ich weiß, wir können Gedanken nicht einfach wegzaubern, aber wir haben ja vorhin das Experiment gemacht »Wir sind nicht unsere Gedanken«. Sprich, wenn ich mit absoluter Überzeugung den Gedanken »Jakob wertschätzt mich nicht« denken kann, ist es genauso möglich, diesen Gedanken »nicht« zu denken. Es sind Gedanken – keine Fakten!

Wir verpassen so viele Möglichkeiten, weil wir im richtigen Moment mit den falschen Gedanken beschäftigt sind.

Gehen wir nun noch einen Schritt weiter, indem wir den Gedanken sogar umkehren. Aus »Jakob wertschätzt mich nicht« wird »Ich wertschätze mich nicht«, »Ich wertschätze Jakob nicht« oder »Jakob wertschätzt mich«.

Diese Umkehrungen helfen uns für einen Moment, die Vogelperspektive einzunehmen, um das große Ganze wieder besser zu fassen. Mir wurde in besagter Situation bewusst, dass ich mich selbst zu wenig wertschätze – was so ziemlich jedem von uns so geht. Ich merkte, dass ich genau diese Wertschätzung häufig bei Jakob suche, und wenn ich sie von ihm nicht bekomme, reagiere ich unverhältnismäßig. Letztlich hat er nur gesagt: »Ich habe *jetzt* keine Lust und gucke es irgendwann später.« Die Wertung kam von mir.

Die zweite Umkehrung wiederum zeigt mir, dass es sehr wohl auch andersherum Situationen gab, in denen ich Jakob nicht die volle Aufmerksamkeit geschenkt habe. Entweder weil mich das Thema nicht interessiert hat oder ich in genau dem Moment mit meinen Gedanken schlicht woanders war. Nicht mehr und nicht weniger.

Für die dritte Umkehrung kann man sich mindestens drei Situationen überlegen, die diesen Satz beweisen. Das war in meinem Fall nicht so schwer, denn natürlich gibt es viele Situationen, in denen ich gespürt habe, dass Jakob mich wertschätzt.

Es lohnt sich also immer wieder, Gedanken oder Sätze, die du über dich selbst oder über andere denkst, auf die Wahrheit hin zu überprüfen.

Und nun schau, wie du dich damit fühlst. Wie fühlt sich dein Körper an, wenn du dir selbst beweisen kannst, dass unsere Gedanken häufig nicht wahr sind, sondern bloß Gedanken? Für mich fühlt es sich an wie der sprichwörtliche Stein, der einem vom Herzen fällt.

Unfassbar, wie viel Schwere wir uns mit einfachen Aussagen, die wir so treffen, ins Leben holen. Und die wir dann einfach dalassen, nicht mehr hinterfragen, sondern blind akzeptieren. Das macht übrigens auch unser Kopf in der Komfortzone. Der sagt: Hinterfragen ist anstrengend.

Stimmt ja auch, Hinterfragen fühlt sich im ersten Moment tatsächlich mühsam an. Aber warte – was ist jetzt wirklich anstrengender: das Hinterfragen oder ewig in einem Irrglauben hängen zu bleiben???

REAL ODER FIKTION

Die Kraft unserer Gedanken und wie stark sie unsere Gefühle bestimmen, zeigt sich sehr gut, wenn wir einen Film oder eine Serie schauen.

Bei Horrorfilmen sitzt uns die Angst im Nacken, wir bekommen Gänsehaut, sind schreckhaft und manchmal trauen wir uns zwischendurch nicht mal aufs Klo. Bei Komödien lachen wir ausgelassen und bei Dramen weinen wir. Vielleicht bist du nicht so nah am Wasser gebaut, aber du kennst sicher das Gefühl, bei bestimmten Szenen berührt zu sein. Wenn dein Lieblingscharakter im Film stirbt oder eine Mutter ihr Kind verliert. Unser Gehirn kann nicht unterscheiden, ob dieser Moment real oder Fiktion ist. Das bedeutet, dass wir Einfluss auf unsere Gedanken haben.

Du wirst morgen sein, was du heute denkst.

BUDDHA

Mehr noch, im Prinzip sind wir sogar in der Lage, sie zu manipulieren. Wenn das also über Fiktion in verschiedene Richtungen funktioniert, sind wir auch in der Lage, unsere Gedanken positiv auszurichten und zu lenken. Wenn es also ganz offensichtlich Gedanken gibt, die dir nicht guttun und auch nicht der hundertprozentigen Wahrheit entsprechen, warum solltest du ihnen weiterhin die Erlaubnis erteilen, dein Leben negativ zu beeinflussen? Es ist wie die Wahl, ob du dir heute ein Drama oder eine unterhaltsame Komödie anschaust.

#GedankenChallenge

Heute stehen deine Gedanken im Fokus.
Stell deine Gedanken mal ordentlich auf den Kopf und hinterfrag wild alles, was da so reinkommt.
Probier »The Work« aus. Geh die vier kraftvollen Fragen an einem selbst gewählten Beispiel durch.

Gibt es einen Satz, der dich blockiert, ärgert, wütend oder traurig macht?

____

____

1. Ist das wahr?

____

____

2. Kannst du mit absoluter Sicherheit, zu 100 Prozent wissen, dass das wahr ist?

____

____

3. Wie reagierst du, wenn du diesen Gedanken glaubst? Was passiert in deinem Körper? Was macht es mit dir? Fühlst du dich leicht oder schwer? Hast du das Gefühl,

dieser Gedanke tut dir gut? Wahrscheinlich nicht, sonst würden wir dieses Spiel ja nicht spielen …

4. Wer wärst du ohne den Gedanken?

Bleib ganz aufmerksam und beobachte dich und deine Reaktionen. Du wirst so manche Entdeckung machen …

#LieblingstagCheckliste

- Ich denke meine Gedanken, aber ich *bin* nicht meine Gedanken.
- Gedanken sind wie ein Karussell, du kannst jederzeit aussteigen.
- Deine Gedanken kreieren einen Ort, an dem du dich wohlfühlen solltest.

Die Antworten sind immer in dir!

Lieblingstag 7

Spiritueller Schnickschnack – geht's auch ohne?

Über Vorurteile und Alternativen

»Susan, dein Buch *Rosarotes Glück* – worum geht's denn da?«

»Primär um mein Leben und persönliche Weiterentwicklung.«

»Ah, so spiritueller Schnickschnack, ja?«

»Ähhhh, eigentlich nicht.«

»Na ja, so mit Meditation und Yoga und so, oder?«

Gespräche dieser Art hatte oder habe ich häufig. Manchmal bin ich immer noch überrascht, da ich vergesse, dass die große Mehrheit bisher leider noch nichts mit Themen wie persönlicher Weiterentwicklung zu tun hat. Da ich mich mittlerweile so viel in diesen Kreisen bewege, bin ich immer wieder aufs Neue verblüfft, wenn ich nach Aussagen wie in dem kleinen Beispieldialog in völlig ratlose Gesichter schaue.

Das kennst du vielleicht. Es fühlt sich in etwa so an, wie grade sieben Staffeln *Games of Thrones* geguckt zu haben, und plötzlich steht jemand vor dir und sagt: »Die Drachenkönigin, der Winter naht, Snow … Nie gehört.«

WAS???? Und jetzt versuch mal, in ein paar kurzen Sätzen den Inhalt der Serie zu erklären.

Okay, ganz so kompliziert ist es hier nicht und trotzdem nicht immer ganz leicht, es den Menschen näherzubringen.

Tatsächlich habe ich aus der Szene (wie ich es mal nenne) häufig folgendes Feedback zu meinem Buch bekommen: Viele empfanden es als eine Art Dolmetscher. Ein Buch für Anfänger, das fast ganz ohne spirituelle Passagen auskommt und doch den Kern des Ganzen vermittelt.

Das war keine bewusste Entscheidung von mir, sondern einfach meine Sprache, die anscheinend alles sehr leicht und plausibel wiedergibt und erklärt. Das freut mich natürlich, denn mittlerweile ist es mir schon ein Anliegen, viele unterschiedliche Menschen zu erreichen und für dieses Thema zu begeistern.

Es gibt einfach keine Zufälle. Da mache ich kurz eine Pause beim Schreiben, schaue bei Instagram rein, um ein paar neue Nachrichten zu lesen, und in dem Augenblick kommt diese rein:

Liebe Susan,
eigentlich bin ich nicht der Mensch, der Leuten bei Instagram schreibt oder Ratgeber liest beziehungsweise hört. Schon oft wurden mir Bücher von Freundinnen oder aus der Familie empfohlen. Robert Betz zum Beispiel wurde immer wieder erwähnt.

Ich habe ein paar Mal probiert, in diese Art von Buch reinzulesen, aber irgendwie hat es mich nie so richtig »gepackt«. Grundsätzlich lese ich unheimlich gern; durch meine beiden Kinder und meinen Job beschränkt sich das Lesen momentan aber eher aufs Hörbuchhören.

Nun habe ich heute dein Buch zu Ende gehört und – was soll ich sagen? – ich bin begeistert!

Ich habe so viele wertvolle Dinge mitnehmen können aus deinen Zeilen, ohne dass es mich irgendwie angestrengt hätte. Es war, als würdest du neben mir sitzen und wir würden plaudern. Mein Gefühl war so ganz anders als bei den anderen Büchern, die einem Lebenstipps vermitteln wollen. Ich möchte dir danken, dass du dich getraut hast, dieses Buch zu schreiben.

Viele liebe Grüße, Doreen

Verrückt, oder? Jetzt mal ehrlich. Und somit kommt dein kleiner Brief in mein Buch, liebe Doreen. Es erreichen mich mittlerweile zwar viele solcher Nachrichten, aber da sich diese ausgerechnet in diesem Moment zeigte, musste sie hier einfach rein.

Ich kann mich sehr gut in alle Menschen hineinversetzen, die ein Buch sehen, auf dem meinetwegen Buddha oder eine Lotusblume drauf ist und irgendein Titel zum Sinn des Lebens, und schnell weitergehen. Früher hätte ich es entweder übersehen oder nur müde gelächelt. »Wer braucht denn so was?« wären meine Gedanken gewesen. Heute – ab in den Einkaufswagen!

ABER GEHT'S JETZT AUCH OHNE?

Also ohne Buddha, ohne Yoga, ohne Meditation, ohne Oooom, ohne vegan, ohne Jesuslatschen, ohne Räucherstäbchen? Na selbstverständlich!

Ich wünsche mir mit meinen Büchern ein Umdenken, ohne nachzudenken.

Ich wünsche mir, dass du dich nach dem Lesen ein Stückchen leichter fühlst als vorher.

Ich wünsche mir, dass wir die Mehrheit werden.

Dass es das Normalste von der Welt ist, sich mit diesen Themen auseinanderzusetzen.

Dass nicht von den »Esoterikern« gesprochen wird, ohne zu wissen, was damit eigentlich wirklich gemeint ist.

Ich wünsche mir, ein Teil dieser Bewegung zu sein. Eine Bewegung, in der jeder seinen kleinen Teil dazu beiträgt, jeder sein eigenes Leben aufräumt, und gemeinsam werden wir dann zum großen Ganzen.

Wie ist es mit dir? Da du gerade mein Buch liest, gehe ich davon aus, dass auch du Lust hast, ein Teil der Bewegung zu sein. Ein Teil des Butterfly-Effekts. In deinem Leben verändert sich etwas, du spürst, dass du zu mehr fähig bist, als du bisher für möglich gehalten hast. Und dadurch, dass du nun diesen Raum der Möglichkeiten geöffnet hast, von dem du vorher glaubtest, er sei nur für andere, passieren die Wunder. Dein Umfeld bekommt es mit, vielleicht verstehen sie nicht, was hier gerade passiert, aber die Energie verbreitet sich, und Glück ist nun mal ansteckend. Es kann auch sein, dass sich im ersten Moment Menschen distanzieren. Das liegt natürlich an ihrer eigenen Komfortzone. Die ruft ihnen nämlich ganz laut zu: »Veränderung! Bloß weg hier.« Doch wenn du gar nicht versuchst, sie aufzuhalten, sondern bei dir bleibst, werden sie früher oder später von ganz allein zurückkommen. Jeder braucht eben seine ganz eigene Zeit.

Die gute Nachricht ist, dass spiritueller Schnickschnack zum einen in leichter Dosierung gar nicht so spirituell sein muss und zum anderen auch nicht kompliziert und zeitaufwendig ist, denn Zeit haben wir ja bekanntlich nicht. Wobei, vielleicht hast du nach unserer ersten gemeinsamen Zeit die Dinge schon etwas entzerren können.

MEDITATION IM ALLTAG

Fangen wir mit dem Thema Meditation an.

Uhhhhhhhhh, Hilfe, Spiriwort Nummer 1.

#Funfact: Meditation muss nicht auf einem Meditationskissen oder auf der Yogamatte stattfinden. Und du brauchst dafür auch keine extra 30 Minuten. Wichtig ist, dass du voll und ganz bei dem bist, was du gerade machst.

Und, erleichtert?

Essen

Essen müssen wir alle. Irgendwann. Darüber sind wir uns sicher einig. Es sei denn, du machst gerade 'ne Fastenkur. Dann gutes Gelingen. Doch irgendwann wirst auch du wieder essen. Wie läuft das im Normalfall bei dir ab?

Mittagspause, alles schnell reinschaufeln, nebenbei ein paar Anrufe oder Social Media checken. Vielleicht 'ne Runde Candy Crush. Schwups, Pause vorbei. Klingt das vertraut?

Mit Sicherheit wird es aber eine Mahlzeit am Tag geben, bei der du etwas Ruhe hast. Das kann auch ein Snack sein, ein Apfel oder ein paar Nüsse. Es geht nicht darum, was du isst oder wo du isst. Es geht darum, *wie* du isst.

#Challenge: Achtsam essen

Eine Mahlzeit am Tag achtsam essen. Das bedeutet, du tust in dem Moment nichts, außer zu essen. Du kannst es wie ein kleines Miniritual aufbauen. Während du dein Essen anrichtest, dich hinsetzt, kannst du dich, wenn du magst, in Gedanken für diese Mahlzeit bedanken. Dann kehrt schon mal etwas Ruhe im Kopf ein. Jeden Bissen mit allen Sinnen wahrnehmen. Riechen, fühlen, schmecken. Was hörst du, welche Geräusche sind in deiner Umgebung? Wenn du nur einen Apfel isst, schneid ihn dir in kleine Stücke und mach auch dies ganz bewusst. Wie fühlt sich der Apfel an? Ist er warm oder kalt? Schmeckt er eher süß oder sauer? Immer wenn deine Gedanken die Situation verlassen wollen und sich lieber mit deinem restlichen Tag beschäftigen möchten, versuch, genau das wahrzunehmen. Ärgere dich nicht, das ist völlig normal. Beobachte deine Gedanken, lass sie vorbeiziehen und befass dich wieder nur mit deinem Essen. Egal wie voll dein Tag auch sein mag, irgendwann wirst du etwas essen, und dieser Moment kann dein persönlicher Ruhepol sein. Eine winzige Insel, die nur dir gehört, im Hier und Jetzt. Ganz ohne spirituellen Schnickschnack.

Duschen

Auch so 'ne Aktion, die fast täglich passiert, wenn's gut läuft. Hey, beim Duschen stört eigentlich im Normalfall niemand, außer es sind ganz kleine Kids im Haus, die hin und wieder reinrennen und ihr Spielzeug gegen die Duschwand klatschen. Aber sonst eigentlich – Stille.

Ein guter Moment, um alles mal achtsam wahrzunehmen. Wie fühlt sich das Wasser an? Wie riecht dein Duschgel? Wie fühlt sich dein Körper an? Du bist ganz bei dir. Stell dir bildlich vor, wie das Wasser alle deine Gedanken für einen Moment aus deinem Kopf spült und ihn anschließend mit frischer Energie versorgt.

Haushalt

Wäsche aufhängen, Spülmaschine ein- und ausräumen, bügeln, staubsaugen … Und täglich grüßt das Murmeltier.

Man will all das einfach nur schnell hinter sich bringen, und trotzdem bleibt anschließend nie Zeit, um in Ruhe einen Kaffee zu trinken oder zu lesen. Du fragst dich vermutlich: »Wann soll ich da noch meditieren?«

Ich persönlich liebe es ja, die Wäsche aufzuhängen. Mehr noch, ich kann es nicht leiden, wenn es jemand anderes übernimmt. Dann wird mein System nämlich völlig durcheinandergebracht. Alles hat seine Ordnung und dieser Vorgang hat für mich auch etwas Meditatives. Ich atme den Duft des Weichspülers ein, der mich an meine Kindheit erinnert, und bin dann absolut in diesem Moment.

Vielleicht kannst auch du eine Tätigkeit im Haushalt finden, die du nicht einfach so abarbeitest, sondern der du durch einen Perspektivwechsel sogar etwas abgewinnen kannst.

Da all diese Arbeiten sowieso gemacht werden müssen, warum sollten wir nicht einen Mehrwert rausziehen? Du kannst sie zu einer Insel der Meditation machen und auch wunderbar nutzen, um endlich ein Hörbuch zu hören oder den Podcast, der dir schon so lange empfohlen wurde. Endlich hast du *Zeit*. Und das ohne schlechtes Gewissen, denn nichts bleibt derweil liegen.

Das Gleiche gilt für Kochen, den Rasen mähen, das Kinderzimmer aufräumen oder sogar im Stau stehen.

Kochen empfinden ja bereits viele als MeTime, Spaß oder meditativen Zustand. Unter uns, dem kann ich nichts abgewinnen. Die meisten wissen es: Ich kann nicht kochen, mehr noch – ich will nicht kochen. Zum Glück liebt es meine bessere Hälfte, und so sind unsere Aufgaben gut aufgeteilt. Klar muss ich hin und wieder trotzdem ran, dann höre ich Musik, entscheide mich für gute Gedanken, und damit ist diese Zeit, die ich investiere, für mich auch eine Insel.

Meditation bedeutet also für alle, die nichts mit spirituellem Schnickschnack zu tun haben wollen, dass sie sich durchaus in diversen alltäglichen Momenten umsetzen lässt.

Für mich ist Skifahren absolute Meditation. Gut, gehört jetzt nicht wirklich in den Alltag, nur so als Beispiel. Es ist nämlich unmöglich, beim Skifahren an irgendetwas anderes zu denken. Man ist absolut im Moment und der Kopf ist wie leer gepustet. Ich liebe es.

Sicher ist das bei ganz vielen Sportarten so. Achte mal darauf, wenn du das nächste Mal Sport machst. Was passiert mit deinen Gedanken?

Letztlich dient die Meditation dazu, deinen Geist zur Ruhe kommen zu lassen, um mehr Kontakt zu dir selbst zu haben. Die restliche Zeit sind wir permanent am Funktionieren, Reagieren, Agieren. Wir rennen. Keine Inseln.

MEDITATION À LA SPEEDY GONZALEZ

Egal wo du bist, wenn du das Gefühl hast, dir wird gerade alles zu viel, brauchst du nur fünf Minuten. Hast du nicht? Dann geh aufs Klo. So viel Zeit ist immer.

Falls es ein Fenster gibt, mach es auf oder schau hinaus. Atme tief ein und aus. Konzenrtrier dich nur auf deinen Atem. Schau mal, ob du spüren kannst, wie die Luft langsam durch deine Nase einströmt und durch deinen Mund wieder ausströmt. Wenn Gedanken kommen, einfach nur beobachten, als wären es gar nicht deine, und sie weiterziehen lassen. Versuch deine volle Konzentration immer wieder zurück zu deinem Atem zu lenken. Mir hilft es auch immer sehr, in Gedanken zu zählen. Fünf Sekunden einatmen und fünf Sekunden ausatmen, und das Ganze fünf Mal wiederholen. Du kannst dabei auch die Augen schließen. Wenn du aber lieber rausschaust, auch gut. Was siehst du? Was hörst du? Wenn kein Fenster da ist, schau dich im Raum um. Leg deine Hand auf dein Herz und verbinde dich mit ihm.

Zu viel spiritueller Schnickschnack? Ich hoffe nicht, wir sprechen doch bloß über deinen Atem und dein Herz. Absolut anatomisch.

Und schwupp, Überraschung – fertig ist deine Meditation!

ENERGIEGELABER

Was vielen auch mächtig auf den Keks geht, ist das ständige Energiegelaber.

Oft beobachte ich Menschen in meinem Umfeld, die fast unmerklich die Augen verdrehen, sobald ich in irgendeinem Zusammenhang plötzlich anfange, von Energie zu sprechen. So als würden wir gerade ein ganz sachliches Gespräch über die Klimakrise führen und dann sage ich: »Und dann kamen die Aliens mit dem Ufo vorbei.«

Ja, das ganze Ding mit der Energie ist tricky. Warum? Weil wir sie nun mal nicht sehen können. Die bodenständigen Realisten brauchen eben für alles Beweise.

Häufig schreiben mir gerade Frauen, dass zum Beispiel ihre Männer oder Partner sehr oft so reagieren. Ich bekomme ganz viele Nachrichten, in denen steht, wie cool sie es finden, dass Jakob so offen für das ganze Thema ist, und wie sehr sie kämpfen müssen, um sich überhaupt Gehör zu verschaffen. Und wenn es dann ein Gespräch gibt, kommt von ihrem Gegenüber ganz schnell »Oh nee, nicht wieder das Energiegelaber und so spiritueller Schnickschnack«.

Was tun?

Grundsätzlich ist meine Lieblingsstrategie: Gegenfragen stellen. Meiner Erfahrung nach ist das die bessere Taktik, als verkrampft zu versuchen, Menschen von irgendetwas zu überzeugen. Gegenfragen regen ganz neue Gedankengänge und Möglichkeiten an. Dein Gegenüber fängt ganz automatisch an, seine Haltung zu reflektieren. Das passiert natürlich nicht, wenn du dich immer wieder erklärst und die Person unbedingt überzeugen willst, dann kommt von der anderen Seite bloß Gegenwind.

Probier es lieber mit Fragen wie:

Wieso fällt es dir so schwer, über diese Themen zu sprechen?

Wie fühlst du dich dabei?

Warum ist es dir so wichtig, deine Haltung zu bewahren?

Hilfreich sind auch Satzanfänge wie:

Hast du schon mal darüber nachgedacht, was wäre, wenn …?

Stell dir nur mal ganz kurz vor …

Und wenn es so wäre, wie würdest du dich dann fühlen …

Warte, warum sind wir noch mal hier?

Es ging doch um Freude und Leichtigkeit. Dein Umfeld permanent von etwas überzeugen wollen, ist anstrengend.

Deinem Umfeld ein Lebensgefühl vorzuleben, ist leicht. Also immer schön den Weg der Leichtigkeit wählen. Dann kommt die Freude ganz von allein.

DAS UNIVERSUM

»Universum« ist auch so ein Unwort. Wenn wir über das Universum sprechen, scheinen die Außerirdischen nicht weit zu sein. Doch was ist eigentlich mit dem Universum gemeint und gehört es wirklich in die Kategorie »spiritueller Schnickschnack«?

Wahrscheinlich müssen wir für diese Frage einen kleinen Schritt zurückgehen.

Glaubst du an Gott? Falls nein, vollkommen okay. Falls ja, gibt es ja unzählige verschiedene Versionen. Vielleicht glaubst du nicht an *den* Gott, doch an irgendwas da draußen, das du nicht benennen kannst oder willst. Manchmal ertappst du dich vielleicht dabei, doch ein kleines Gebet irgendwo hinzuschicken. Sprichst du von Gott als Mann oder als Frau oder keins von beidem? Ist Gott für dich pure Energie, der Schöpfer, die Schöpferin? Vielleicht sogar auch jemand, dem man endlich die ganze Verantwortung zuschieben kann, für all das Glück, aber auch für das Leid.

Wenn wir über das Universum sprechen, ist das Energiegelaber auch nicht weit. Denn alles auf dieser Welt ist Energie. Und das ist kein spiritueller Schnickschnack, sondern einfach nur Physik.

Wenn ich davon spreche, dass das Universum dich spiegelt, geht es immer um deine Energie. Und da wir diesen Fakt der Anziehungskraft nicht sehen, sondern vielmehr fühlen können, brauchen wir den Glauben, um uns der Thematik ein Stück weit zu nähern.

Ich bin ja aus einer Multikulti-Familie und durch meine Mutter jüdisch aufgewachsen. Zwar nicht streng religiös, aber dafür sehr traditionell. Wir gehen an den Feiertagen in die Synagoge und ja, meine Gebete gehen an Gott. Doch für mich persönlich ist Gott nicht irgendwo da oben, sondern vielmehr in uns allen. Für mich sind wir das Göttliche. Und ich glaube auch, dass alle Religionen über denselben Gott sprechen – er oder sie hat nur andere Namen. Kurzum, für mich gibt es eine Verbindung zwischen Gott, jedem Lebewesen, dem Universum und der Liebe. Es ist für mich alles eins.

Wenn ich gefragt werde, was für mich Spiritualität bedeutet, lautet meine Antwort Verbundenheit; dass wir alle miteinander verbunden sind. Deshalb hat auch alles einen Einfluss. Alle unsere Gedanken haben Einfluss auf unsere Handlungen und alle unsere Handlungen haben Einfluss auf unsere Mitmenschen, unser Klima, unsere Umwelt. Und wenn wir uns dieser einzigartigen Kraft bewusst werden, hast du dann nicht auch den Glauben daran, dass wir alle etwas Göttliches, das Universum, die Liebe – nenne es, wie du magst – in irgendeiner Weise in uns tragen?

Wir können spirituellen Schnickschnack belächeln, für uns nutzen oder es auch sein lassen. Zum Glück dürfen wir selbst entscheiden. Ich gebe zu, in totaler Stille, unterbrochen von den Lauten einer Klangschale, in Wollsocken auf einem Meditationskissen zu sitzen, ist auch für mich ein Schritt in seltsame, unbekannte, spirituelle Sphären. Doch solange ich es nicht versucht habe, weiß ich nicht, ob mir nicht vielleicht doch etwas unglaublich Schönes entgeht.

#LieblingstagCheckliste

- Wäsche aufhängen kann auch Meditation sein.
- Gegenfragen statt Reden halten.
- Ein bisschen Schnickschnack schadet nie.

Die Antwort ist immer in dir!

Welcher Alltagstätigkeit könntest du einen tieferen Sinn geben und sie ab heute in deine Insel der Meditation verwandeln?

Was bedeutet für dich Spiritualität?

Wo wünschst du dir mehr Verbundenheit? Stell es dir bildhaft vor.

Lieblingstag 8

Ich mach mir die Welt, wie sie mir gefällt

Wo versteckt sich dein inneres Kind?

Hast du Kinder? Falls nicht, warst du mal ein Kind? Die Frage ist ernst gemeint. Das Witzige ist nämlich: Es gibt Menschen da draußen, bei denen bezweifle ich das sehr. Das liegt wahrscheinlich daran, dass ihnen das Leben dazwischenkam, und das Kind in ihnen wurde so tief vergraben, dass sie sich kaum noch vorstellen können, dass sie das wirklich selbst mal waren. Manchmal gibt es auch Menschen, die so unglaublich schlimm auf Kinder reagieren, dass ich fest davon ausgehe, dass sie als Erwachsene geboren wurden.

Nun, ich selbst habe zwei wundervolle Kinder, zwei Söhne, die mir viel zu schnell groß werden. Einer ist elf und der andere ist schon zwölf Jahre alt. Hilfe! Gestern noch in der Kita und mein Großer plötzlich im Gymnasium. Ich kann das gar nicht fassen. Abends beim Ins-Bett-Bringen lege ich mich immer zu ihnen. Wir kuscheln und quatschen über den Tag. Wenn sie dann genug haben, kuschel ich mich noch einmal ganz fest an sie und denke mir: »Genau so sind sie nur noch ganz kurz und ich will jeden Moment davon aufsaugen.«

In anderen Momenten gehen sie mir auch ganz schön auf den Keks. Hallo??? Zwei Jungs, altersmäßig ganz dicht beieinander, da wird gekämpft, diskutiert, rumgemeckert und aus mir platzt dann irgendwann die Erwachsene heraus. Es gehört eben zum Elternsein zwangsläufig dazu, hin und wieder die Spaßbremse zu sein. Natürlich ist es unser Job, unsere tollen Kinder dabei zu unterstützen, großartige Erwachsene zu werden. Doch leider passiert dabei auch etwas sehr Trauriges: In den meisten Fällen nehmen wir ihnen das größte Geschenk, das sie besitzen – ihr kindliches Herz. Das Herz mit der Fähigkeit zu Begeisterung, Freude, Neugier, Offenheit, Naivität, Leichtigkeit, Mut, Toleranz, Verspieltheit. All diese wundervollen Eigenschaften gehen nach und nach verloren. Und irgendwann als Erwachsene fragt man sich: »Wo sind sie hin? Ich will das alles wiederhaben.«

Die gute Nachricht: Es ist alles noch da, es ist alles noch in dir. Wir können ja mal gemeinsam schauen, wann sich dein inneres Kind zurückgezogen hat, und es behutsam aus seinem Versteck holen.

UND PLÖTZLICH KLATSCHT KEINER MEHR

Stell dir mal vor, du lebst in einer Welt, in der es, egal was du machst, immer Applaus gibt.

Du brabbelst undeutliche Worte – Applaus.

Du läufst einen Schritt und fällst um – Applaus.

Du steckst den Ball durch die runde Form – Applaus.

Du isst einen Löffel Brei – Applaus.

Du singst ein Lied (ehrlich gesagt, nicht mal schön) – Applaus.

Und von einem Tag auf den anderen hört es auf.

Zwar beginnt alles ganz festlich, du bekommst eine riesige Schultüte voll mit Süßigkeiten und Geschenken. Du hast wunderschöne Klamotten an und deine ganze Familie begleitet dich an deinem Ehrentag. Voller Neugier und Begeisterung betrittst du diesen neuen wundersamen Ort. »Ich gehöre jetzt zu den Großen«, denkst du. »Das kann ja nur richtig cool werden.«

Doch was passiert dann?

Ganz langsam verstehst du, dass nicht mehr alles, was du machst, bedingungslos toll ist. Ab jetzt wird alles bewertet. Und mehr noch, die Aufmerksamkeit liegt plötzlich viel stärker auf dem, was noch nicht funktioniert.

Den ganzen Nachmittag hast du versucht, dir alle Lernwörter zu merken, und, Wahnsinn, du hast sogar vier ganze Wörter richtig geschrieben. Doch was steht auf dem Zettel? »6 Fehler!« Natürlich in Rot. Wie motiviert wärst du nach Hause gekommen, wenn auf dem Zettel »4 Richtige« stehen würde? Du würdest denken: »Das Lernen hat sich richtig gelohnt, nächstes Mal mache ich das genauso und vielleicht noch besser.« Doch das ist leider fern unserer Realität.

Ich weiß nicht, wie du das siehst, aber das Schulsystem ist eines der Themen, über die ich mich am meisten ärgere.

Alles entwickelt sich in Lichtgeschwindigkeit. Da komme selbst ich nicht mehr mit. Jedes Jahr ein neues iPhone, das zig neue Funktionen hat, die mir mittlerweile meine Kinder erklären müssen. Jedes Jahr neue Autos und wahrscheinlich werden sie bald fliegen, wer weiß. Wir sprechen über künstliche Intelligenz, mitdenkende Kühlschränke und anderes, das mir ehrlich gesagt eher Angst macht. Ich finde Fortschritt in vielen Bereichen natürlich toll, doch ich ertappe mich häufiger dabei, dass aus meinem Mund der Satz »Früher war alles besser« kommt.

Ich bin sehr froh, meine Kindheit in meinem Lieblingsjahrzehnt, den 90ern, verbracht zu haben. Gefühlt sind wir mit mehr Wertschätzung aufgewachsen, weil einfach alles schwieriger war. Was bedeutet, wir mussten aktiver sein, um etwas zu bekommen. Angefangen damit, dass wir tatsächlich einen Weg zurücklegen mussten, um im Plattenladen in die neueste Musik reinzuhören. Heute ein Klick – Spotify. Zeitschriften lesen, um irgendetwas über unsere Helden der Kindheit zu erfahren – heute können wir ihnen auf Schritt und Tritt bei Instagram folgen. Rausgehen, um das Abenteuer zu finden. Heute – Playstation an und los geht's.

Natürlich hab ich als Jugendliche davon geträumt, dass man telefonieren und den anderen dabei sehen kann – damals undenkbar. Jakob und ich hätten während unserer sechsjährigen Fernbeziehung Berlin–Hamburg für FaceTime alles getan! Andererseits haben wir dafür heute kistenweise Liebesbriefe und Postkarten, Erinnerungen zum Festhalten, für mich unbezahlbar.

So, da bin ich wohl bisschen abgeschweift ... Wohin wollte ich? Ach richtig, zum Thema Fortschritt. Alles entwickelt sich weiter, nur das Schulsystem wurde irgendwann erfunden und ist ab dann gefühlt einfach genauso geblieben.

Trauriger Fakt: Die eine Hälfte der Schüler *will* nicht zur Schule gehen. Warum ist das so? Ich vermute, es könnte einen Zusammenhang mit dem System geben.

Um noch mal in Zahlen zu sprechen: Es wird gesagt, dass etwa die Hälfte der Kinder mit dem klassischen Frontalunterricht zurechtkommt. Doch was passiert mit der anderen Hälfte? Sie sind nicht dümmer, sie brauchen nur etwas anderes.

Kennst du das Bild, auf dem verschiedene Tiere wie Elefant, Affe, Giraffe, Hase, Goldfisch, Vogel, Pinguin, Hund, Robbe in einer Reihe stehen? Vor ihnen ein Tisch, an dem ein Mann sitzt, der sagt: »Für eine gerechte Prüfung müssen alle dieselbe Aufgabe erledigen. Bitte klettert alle auf diesen Baum!«

Ich finde, dieses Bild beschreibt es ganz gut. Jedes Kind ist anders und bringt ganz individuelle Qualitäten mit. Es ist doch vollkommen logisch, dass nicht alle mit denselben Fähigkeiten glänzen können.

Aus diesem Grund haben Jakob und ich ab irgendeinem Punkt eine Entscheidung für unsere Kinder getroffen. Wir machen da nicht mehr mit! Also selbstverständlich gehen unsere Jungs weiterhin zur Schule und wir unterstützen sie dabei, alles bestmöglich zu bewerkstelligen. Doch wir versuchen, Stück für Stück einzuordnen, wo ihre Stärken liegen, und genau da stärken wir sie. Sie müssen nämlich gar nicht alles können. Es genügt, wenn sie es versuchen.

Natürlich hören wir auch ganz oft, dass es doch wichtig wäre, den Kindern alle Türen offenzuhalten, damit sie später alles machen können. Doch ich habe letztens in einem Interview zu diesem Thema einen sehr schönen Satz gehört, den ich absolut treffend finde:

Wer sich im Leben alle Türen offenhalten will, wird sein Leben lang im Flur sitzen.

Und da beginnt meiner Meinung nach direkt das Problem. Die meisten Kinder haben nach dem Ende ihrer Schulzeit nicht die leiseste Ahnung, wo sie hinmöchten. Sie sind dann massiv überfordert, da die Eltern natürlich möchten, dass ihr Kind studiert. Nur was??? Egal, Hauptsache etwas, wodurch am Ende noch mehr Türen offenstehen. Aber stehen sie wirklich offen oder ist im Anschluss nur noch mehr Unsicherheit da? Vielleicht spüren einige schon nach einem Semester, dass es nicht der richtige Weg ist, doch die Angst der Eltern ist größer und überträgt sich natürlich sofort auf das Kind. Die Angst lautet: »Bloß nicht abbrechen. Wer weiß, was dann kommt?«

Doch was ist, wenn wir diesen Gedanken umkehren? Was ist, wenn sich genau dann eine Berufung zeigt? Vielleicht brauchen die Kinder auch drei oder vier Anläufe, bis sie sich zeigt. Aber alles ist doch besser, als eine Ewigkeit einer Arbeit nachzugehen, die uns nicht erfüllt.

Wer bringt später noch den Mut auf, um noch einmal ganz neu anzufangen? Ich meine, Glückwunsch all denen, die das wagen und rausgehen aus der Komfortzone. Je älter wir werden, desto schwieriger wird dieser Schritt nämlich. Aber was ist schon leicht? Einer Arbeit ohne Erfüllung nachgehen, immer wieder diesen Druck auf dem Herzen spüren, die Stimme hören, die sagt: »Ich wollte doch was ganz anderes« – das ist alles andere als leicht.

Wenn wir Kinder sind, haben wir eine sehr starke Verbindung zu unserem Herzen, wir können es auch Bauchgefühl oder Intuition nennen. Wir agieren rein aus unserem Gefühl. Natürlich ist es gut, dass wir, je älter wir werden, auch immer mehr unseren Verstand nutzen. Den brauchen wir natürlich ebenfalls. Das eine muss das andere nicht zwangsläufig ausschließen – doch leider passiert das immer mehr.

Wir werden durch verschiedene Systeme und alte Glaubenssätze dahin geführt zu glauben, dass es leichtsinnig und naiv wäre, auf sein Herz zu hören. Dadurch wird die Stimme im Kopf (dein Verstand) immer lauter, du versuchst, über die Logik jeden Zweifel zu lösen oder Entscheidungen zu fällen. Das kann man natürlich machen. Doch dein Herz wird dadurch nicht ausgeschaltet, es wird nur leiser. Loslassen wird es dich aber nicht, es bleibt an dir dran, wie ein kleines Kind, das unbedingt spielen will, so lange, bis du wieder zuhörst.

UND WO IST JETZT DIE LÖSUNG FÜR DAS PROBLEM?

Ich wünschte, ich hätte die Lösung. Doch es gibt mir ein gutes Gefühl, dass immer mehr Menschen spüren, dass wir mit unserem Schulsystem auf dem Holzweg sind.

Inspirationen und Systeme aus anderen Ländern, die sich bereits bewährt haben, kommen zu uns. Natürlich ist es noch ein langer Weg, doch die Hauptsache ist, dass wir uns schon auf ihm befinden. Immer mehr mutige Lehrer versuchen, ihre Ideen zu verwirklichen und kreativ für mehr Spaß und Begeisterung an den Schulen zu sorgen. Es gibt bereits Schulen, an denen Themen wie Achtsamkeit und Visionieren besprochen werden. In Asien wird meditiert, um wirklich im Unterricht anzukommen. Es gibt Schulsysteme, die ganz großartige Alternativen bieten.

Und auch in unserer Grundschule, die eigentlich einen klassischen Ansatz verfolgt, hat mein großer Sohn das Glück, eine ganz wundervolle Klassenlehrerin gehabt zu haben. Für mich ist sie eine absolute Ausnahmeerscheinung. Ihre Priorität ist es, dass die Kinder Erfolgserlebnisse haben und sich wirklich für die Themen interessieren und begeistern. Und das spiegelt sich natürlich auch häufig in den Noten wider. Ich kenne noch weitere Lehrer, die gerne neue kreative Projekte in den Schulen umsetzen möchten – leider werden diese noch sehr oft im Keim erstickt. Doch wenn es immer mehr werden und wir uns dieser Strukturen immer bewusster werden, bin ich zuversichtlich, dass das Ziel stetig näher rückt. Das ist in doppelter Hinsicht positiv: Zum einen, weil wir so unseren Kindern besser zur Seite stehen und ein paar Steine, die ihnen in der Schulzeit in den Weg gelegt werden, beiseiteräumen können, und zum anderen, weil wir in der Lage sind, unseren eigenen Weg bis hierhin besser zu beleuchten.

Wie war deine Schulzeit? Und wie ging es dann weiter?

Diese Fragen sollen dich nicht deprimieren. Auf keinen Fall sollen sie dazu führen, dass du dich rückblickend ärgerst. Das macht gar keinen Sinn. Die Vergangenheit ist die Vergangenheit. Sie kann dich aber jetzt, angesichts deines heutigen Wissens, deiner Erfahrungen und Erkenntnisse weiterbringen. Dein Weg war gut und richtig, denn sonst würdest du nicht gerade dieses Buch hier lesen und dein Leben reflektieren. Du wärst nicht so weit gekommen. Heldenreisen sind niemals gradlinig. Also sei dankbar für jeden einzelnen Umweg und für jede Hürde. Sie haben dich reich gemacht, reich an Erfahrungen. Heg auch keinen Groll deinen Eltern gegenüber, sie haben nach ihrem besten Ermessen gehandelt. Und solltest du etwas anderes fühlen, ist das auch okay. Lass es da sein, wir schauen uns das im nächsten Kapitel genauer an, wenn es um das Thema Loslassen geht.

Es ist nie zu spät für eine schöne Kindheit.

Dieses Kapitel ist primär dafür gedacht, dass du dir deinen Werdegang anschaust. Vielleicht entdeckst du ja, an welchem Punkt dir deine kindliche Leichtigkeit und Freude abhandengekommen sind. War es schon in der Schule?

Die Schule ist ein Ort, der uns alle prägt. Wir erleben Erfolge und Enttäuschungen, Angenommensein und Ausgrenzung. Wir werden gesehen oder sind unsichtbar. Wir dürfen nicht unterschätzen, wie viel Zeit wir dort verbringen. Und natürlich gibt es viele, die zu mir sagen: »Da müssen wir alle durch, die Welt ist eben kein Kindergeburtstag. Besser, man lernt schon früh, wie hart das Leben ist, dir wird nichts geschenkt.«

Hmm, schwierig. Ich denke, das sind genau die Glaubenssätze, die ungefiltert und nie hinterfragt schön von Generation zu Generation weitergegeben werden. Und vielleicht sind genau sie es, die unsere Welt zu einem Ort machen, der hart, ungerecht und anstrengend ist, wo man immer auf der Hut sein muss. Ja, wir müssen unsere Erfahrungen machen, auch die schmerzhaften. Trotzdem muss deshalb die Schule kein schlechter Ort sein. Warum sollte die Schule nicht ein Ort sein, an dem du keinen Tag fehlen willst? An dem du als Persönlichkeit wahrgenommen wirst. An dem du wachsen darfst, so wie du bist.

Ja, die Welt hat ihre Tücken und sie ist definitiv nicht das Regenbogenland der Glücksbärchis. Aber ich bin davon überzeugt, dass jeder von uns seinen Beitrag dazu leisten kann, den Kern in jedem Menschen zu erkennen. Und dieser Kern ist pure Liebe. Wenn wir jedoch aufwachsen und uns erzählt wird, wie schlimm und hart doch alles und jeder ist, können wir diesen Kreislauf nicht durchbrechen. Ich weiß aus eigener Erfahrung, dass es auch anders geht. Meine Eltern haben mich dazu erzogen, offen und angstfrei durchs Leben zu gehen und das Beste von den Menschen zu erwarten. Und genau diese Werte übermitteln Jakob und ich heute unseren Kindern.

Wir können die Schulzeit zu einer schöneren Lebensphase

machen. Wir können versuchen, die Begeisterung in unseren Kindern am Leben zu halten. Wir können sie in ihren Stärken stärken. Dann ist der Weg später zurück zum Ursprung auch nicht so lang. Macht Sinn, oder?

EINS, ZWEI, DREI, VIER, ECKSTEIN, ALLES MUSS VERSTECKT SEIN

Wo versteckt es sich bloß, dein inneres Kind?

Vielleicht sind dir auf unserer kleinen Zeitreise wieder Dinge eingefallen, vielleicht ist dir auch manches erst jetzt bewusst geworden. Vielleicht hast du Zusammenhänge erkennen können, wann und warum du einige wundervolle kindliche Eigenschaften unterwegs verloren hast. Vielleicht ist heute der Tag, an dem dein inneres Kind wieder rauskommen mag aus seinem Versteck. Endlich darf es wieder spielen.

Übung: Verändere deine Perspektive

Versuch einen Tag lang, die Welt aus den Augen eines Kindes wahrzunehmen.
Gib den kleinen Dingen, die dir begegnen, ihre verdiente Aufmerksamkeit, und sei es nur kurz. Schau dir begeistert den Himmel an, betrachte schöne Bäume und Pflanzen, lächle fremde Menschen an, spiel beim Gehen, dass du nur auf die Steine treten darfst und nicht auf die Ritzen dazwischen, summ ein Lied, nimm

dir die Zeit, um den Straßenmusikern einen Moment zuzuhören, spring in eine Pfütze, kauf dir Brausepulver im Späti und lass es genüsslich auf der Zunge zergehen. Stell dir dabei vor, es gäbe nur diesen einen Moment. Und auf einmal fühlt sich alles leicht an.

So viele Menschen fragen mich, woher ich meine ganze Energie hernehme, und ich glaube, das Zauberwort ist Begeisterung – echte kindliche Begeisterung. Zum Glück habe ich sie auf meinem Weg nie verloren, mein inneres Kind war und ist immer dicht an meiner Seite. Falls du es nicht finden kannst, gebe ich dir einen Tipp: Oft zeigt es sich bei dem, was du gerne tust. Woran hast du so richtig Freude? Singen, tanzen, malen, puzzeln, Lego, Super Mario, Rollerblades, Schlittschuh, Hula-Hoop? Oder überleg mal, was du früher gern gemacht hast.

Bei mir ist es sehr leicht, es gibt so vieles, das in mir kindliche Begeisterung auslöst. Einen bunten Cupcake essen, Musik aus den 90ern hören, Karaoke singen, mit meinen Mädels Quatsch im Fernsehen gucken und dabei Unmengen an Süßkram essen. Die Liste könnte ich ohne Probleme fortsetzen.

Begeisterung ist wie eine Zauberformel. Mit Begeisterung sind wir motiviert. Wir sind im Flow. Wir können problemlos schwere Dinge tun. Denn wir wissen, *warum*. Und wenn wir begeistert sind, können wir auch andere begeistern und mitreißen.

Mach dich auf die Suche nach deinem inneren Kind. Es kennt die Antwort auf alle deine Fragen; es weiß, wofür du brennst, was dich begeistert und dir Freude bereitet. Und auf eines kannst du dich verlassen: Auch wenn es sich gut versteckt hat, es wartet darauf, dass du es findest.

#LieblingstagCheckliste

- Jeder Mensch ist ein Genie, mit seinen ganz individuellen Stärken.
- Begeisterung ist die Zauberformel.
- Dein inneres Kind wartet auf dich auf dem Spielplatz der Möglichkeiten.

Die Antwort ist immer in dir!

Was hat dir als Kind am meisten Spaß gemacht?

____

____

____

Bei welchen Tätigkeiten empfindest du heute noch echte Freude?

____

____

____

Welche dieser Tätigkeiten könntest du wieder häufiger in deinen Alltag integrieren? Vielleicht sogar zusammen mit deinen Kids (falls du welche hast)?

____

____

____

Deep Talk

Wer loslässt, hat wieder beide Hände frei

Mach Schluss mit dem selbst gemachten Leid

Loslassen – mein absolutes Lieblingsthema.

Warum? Weil ich es persönlich so unglaublich schwierig finde. Ehrlich gesagt, gibt es nichts, das mir schwerer fällt.

»Warum habe ich jetzt den Kuchen gegessen, wollte doch heute etwas gesünder durch den Tag. Hätte ich besser die anderen Schuhe angezogen. Warum bin ich nicht eher los, hab doch schon befürchtet, dass die Parkplatzsuche schwer wird?« Manchmal geht es so weit, dass ich die ganze Nacht nicht schlafen kann, weil ich Situationen drehe und wende und überlege, wie sie verlaufen wären, wenn ich gewisse Dinge anders gemacht hätte. Ich hole immer wieder den Schmerz zurück. Und nicht nur bei Situationen, die ich hätte anders machen können, sondern auch im Hinblick auf Situationen, auf die ich absolut keinen Einfluss habe, kreisen in meinem Kopf Bilder davon, wie es doch anders sein könnte. Kurz, ich halte fest. Kennst du das auch?

Es ist ein Kampf, den wir nicht gewinnen können. Wir können die Vergangenheit nicht verändern. Und je schneller wir das begreifen, umso schneller kehrt Frieden ein.

Dieses Kapitel ist mir ganz wichtig, denn ich glaube, den meisten von uns ist nicht bewusst, dass wir selbst so viel Leid verursachen, weil wir nicht loslassen. Warum ist Loslassen so schwer?

Meistens liegt es daran, dass ein ganz entscheidender Schritt fehlt. Wir können nichts loslassen, das wir nicht zunächst komplett angenommen haben.

Ich liebe es ja, in Bildern zu denken. Also: Wie kannst du zum Beispiel ein Glas in die Spülmaschine legen, wenn es noch auf dem Tisch steht? Dafür musst du es zuerst in die Hand nehmen. Ansonsten steht es einfach weiterhin auf dem Tisch und du läufst Tag für Tag daran vorbei und schaust lieber weg. Doch es bleibt, der Rest Saft wird langsam zu Schimmel … Bevor du das Glas nicht in die Hand nimmst und anerkennst, dass es nun mal in die Spüle muss, wird es immer ekliger, ganz egal, ob du es eine Zeit lang schaffst, es zu ignorieren.

Ohne Annehmen - kein Loslassen.

Und wichtig an dieser Stelle ist, dass Annehmen nicht bedeutet, dass du es für gut oder richtig erklären musst. Es geht einzig und allein darum, die Situation, so wie sie ist, anzuerkennen.

Ich höre so häufig, dass der Wunsch ja da ist loszulassen, aber dass es einfach nicht geht. Das hängt dann wirklich damit zusammen, dass die Situation nicht angenommen wurde, sondern alle Energie da rein fließt, gegen Tatsachen zu kämpfen. Sprich, du bleibst permanent im Widerstand. Puh … anstrengend.

Ich wollte es doch ganz anders …
Hätte ich bloß dies oder das nicht getan …
Hätte ich diesen Menschen nur nie in mein Leben gelassen …
Hätte ich bloß was gesagt …
Hätte ich doch nur Abi gemacht …

Hätte ich mich durchgesetzt und was anderes studiert …
Hätte ich mich bloß gewehrt …
Hätte ich den Job nicht verloren …
Hätte ich auf mein Herz gehört …
Hätte ich doch nur diese eine Entscheidung anders getroffen …
Doch Leute, »Hätte, hätte, Fahrradkette!«
Spürst du den Kampf?

*Nur weil etwas einfach ist,
ist es noch lange nicht leicht.*

»Ich kann nicht mehr«, sagte eine Teilnehmerin in meiner Coachingausbildung eines Tages voller Verzweiflung. »Wann hört dieser innere Schmerz endlich auf?«

Und unser Headcoach Christina Hommelsheim sagte: »Er hört auf, wenn du bereit bist, ihn loszulassen.«

Ich erinnere mich sehr gut an diesen Moment. 120 Menschen waren in diesem Augenblick ganz still und ich hatte das Gefühl, dass jeder Einzelne im Raum einen kleinen Aha-Moment hatte. Es war so simpel und so klar. Zumindest für diesen kurzen Moment.

AUF DER ANDEREN SEITE IST DAS GRAS VIEL GRÜNER

Das Thema Annehmen und Loslassen ist allgegenwärtig, und je aufmerksamer und achtsamer wir durchs Leben gehen, desto klarer wird uns, dass es die Hauptursache für unser tägliches Leiden ist. Häufig zeigt es sich in Situationen, in denen wir etwas entscheiden müssen.

Bei mir kann ich das bei ganz vielen Kleinigkeiten beobachten. Wenn ich Essen bestelle, frage ich mich hinterher noch eine Ewigkeit, ob ich das Richtige bestellt habe, und zweifle, ob es eine gute Entscheidung war. Okay, ich muss dazu sagen, dass ich mich grundsätzlich total schwertue mit Entscheidungen. Ich bin Sternzeichen Waage; viele glauben zwar, die wären total ausgeglichen, aber das ist ein Gerücht. Ich würde eher sagen, sie lieben und brauchen Harmonie in ihrem Umfeld, was vor allem daran liegt, dass sie mit sich selbst eher im Ungleichgewicht sind. Das nur mal by the way.

Wir sind täglich im Zwiespalt, vor allem Working Mums. Sicher kennen diesen Zustand auch andere, aber ehrlich, liebe Muttis unter euch, geht es euch nicht auch so?

Also ich finde mich ständig in Situationen wieder, in denen ich mich am liebsten zweiteilen würde. Ich liebe meine Arbeit und ohne sie werde ich früher oder später zum Zombie. Doch natürlich wäre ich auch gern bei meinen Jungs. Kommt gerade kein Auftrag rein, genieße ich zwar die freie Zeit, aber alle Freiberufler oder Selbstständigen unter euch kennen das: Die kleine Angst im Nacken, wann und ob der nächste Job reinkommt, macht einem das Genießen der freien Zeit etwas schwerer. Auch hier ist wieder ganz klar Annehmen und Loslassen gefragt.

Je schneller ich den Zustand akzeptiere, wie er ist, desto schneller kann ich seine Vorzüge wirklich sehen, erleben und genießen. Doch meist tun wir das Gegenteil. Denn in unserem Kopf ist da oft die Frage, ob das Gras woanders nicht grüner wäre – und diese Frage zerstört einfach alles. Sie führt zu unnötigem und vor allem selbst gemachtem Leid!

Es geht sogar so weit, dass sich manche Menschen permanent in diesem Zustand befinden. Sie empfinden ihr gesamtes Leben als irgendwie falsch. Als wäre alles ein großer Irrtum. Eine unpassende Ausbildung oder Studium; ein Job, der Sicherheit bringt, aber keine Erfüllung; mit Ende 30 wollte man doch längst Mutter sein; Scheidung; alleinerziehend; arbeitslos; verheiratet und doch nicht glücklich; äußerlich reich und innerlich arm; einsam; nicht schlank genug; kein Haus mit Garten; ein Umfeld, das einen nicht versteht … das Hamsterrad, das sich Leben nennt.

In diesen Gedanken und Gefühlen stecken ganz viel Schmerz, häufig auch Wut, Ohnmacht und Traurigkeit. Wir unterdrücken gerne alle diese Gefühle, indem wir uns ablenken, Netflix, Wein, Ausgehen. Hauptsache, nicht darüber nachdenken. Für den Moment ist das vielleicht eine Lösung, nur leider keine langfristige. Das Gefühl im Bauch und im Herzen wird immer wieder zurückkehren, bis du bereit bist, dich ihm zu stellen. Du kannst damit ganz klein anfangen.

#Übung

Spieglein, Spieglein an der Wand: Welches Gefühl zeigt sich – ich bin gespannt

Such dir einen ruhigen Ort, an dem du ein paar Minuten ganz für dich sein kannst. Setz dich bequem hin und schließ die Augen. Und nun achte mal darauf, ob dein Körper dir ein Symptom zeigt. Vielleicht einen Druck auf deinem Herzen, ein Ziehen im Bauch, einen

Kloß im Hals. Sobald sich etwas zeigt, geh mit deiner Aufmerksamkeit genau dorthin und atme hinein. Wenn du magst, kannst du auch deine Hand auf die Stelle legen, um dich noch mehr zu verbinden.

Und nun beobachte, welche Empfindung sich dort verbirgt. Deine erste Intuition ist immer richtig, mal abgesehen davon, dass es bei dieser Übung kein Richtig und Falsch gibt. Dein Körper zeigt dir das, was sich zeigen möchte. Zeigt sich nichts Körperliches, ist es völlig okay. Dann schau mal, ob du ein Gefühl erkennen kannst. Angst, Wut, Trauer? Wenn du es spürst, versuch einfach, es dazulassen. Lass es größer werden, nur für einen kleinen Moment. (Falls beim ersten Mal gar nichts passiert, wiederhol die Übung zu einem späteren Zeitpunkt.) Und wenn du dann merkst, dass sich die Anspannung langsam auflöst, bleib noch einen Augenblick bei dir. Konzentrier dich auf deinen Atem, leg deine Hände auf dein Herz und bedank dich bei dir selbst. Es reicht vollkommen, dies in Gedanken zu tun. Bedank dich für deinen Mut, dich mit deinen Gefühlen zu verbinden – den Gefühlen, die du sonst gerne unterdrückst oder beiseiteschiebst. Sie gehören zu dir. Und in dem Moment, in dem du sie vollkommen annimmst, kannst du sie auch loslassen. In Dankbarkeit.

Mir kommen bei dieser Übung manchmal die Tränen, und auch das ist okay. Weinen kann so erlösend sein.

DER RUCKSACK

Ich weiß aus eigener Erfahrung, dass solche Übungen sich erst mal seltsam anfühlen. Glaub mir, ich beschäftige mich schon einige Jahre mit diesen Themen und ertappe mich immer noch dabei, dass mir meine Gedanken in die Quere kommen. Wenn ich gerade eine Übung machen will, sagen die dann so Sachen wie: »Ach komm, lass uns lieber ein bisschen Trash-TV gucken.« Auch ich muss mich hin und wieder überwinden. Aber es wird leichter. Und war es nicht das, was du wolltest? Leichtigkeit?

Manchmal können wir Dinge, die uns unglücklich machen, nicht loslassen, weil es einst die Dinge waren, die uns glücklich gemacht haben.

In meinem Rucksack waren und sind immer noch einige »Ich wollte doch immer«-Sätze vergraben. Hinzu kommen ein paar von den »Ich ärgere mich so«-Sätzen und obendrauf packe ich gerne noch acht Millionen Sorgen.

Kennst du das auch? Der Rucksack ist zeitweise so schwer, dass du ihn kaum tragen kannst. Alles fühlt sich anstrengend an. Du denkst: »Warum kommt niemand und hilft mir? Warum kann mir keiner diesen Rucksack abnehmen?« Weil du ziemlich wahrscheinlich noch nicht bereit bist, ihn selbst abzustellen. Es liegt allein bei dir. Das Gefühl, irgendwie noch mit den Themen, die du gerne in deinem Leben hättest oder die du verloren hast, verbunden zu sein, hält dich davon ab loszulassen.

Doch das Leben hat mitunter für uns einen ganz eigenen Plan. Manchmal bekommen wir im Leben nicht das, was wir wollen, sondern das, was wir brauchen, um der Mensch zu werden, der wir eigentlich sind.

Lies diesen Satz gerne noch einmal:

Manchmal bekommen wir im Leben nicht das, was wir wollen, sondern das, was wir brauchen, um der Mensch zu werden, der wir eigentlich sind.

Und nun schau dir an, wo du heute stehst. Welche Umwege haben sich letztlich als gut herausgestellt, an welchen Erfahrungen konntest du wachsen? Vielleicht sind es genau diese Erfahrungen, die dir heute dabei helfen, deinen Rucksack zu lehren oder sogar komplett abzulegen.

DER SCHLÜSSEL HEISST VERGEBUNG

Zum Loslassen gehört auch die Vergebung. Denn die Vergebung hilft dir, Frieden zu schließen mit deinem Leben im Hier und Jetzt. Das ist alles, was du hast.

Die gute Nachricht ist, dass du mit dem Vergeben sofort loslegen kannst. Du brauchst niemanden dafür. Die Menschen, die dich nicht gut behandelt oder die dich verletzt haben, müssen von deiner Vergebung niemals erfahren. Es heißt auch nicht, dass du die Dinge nun gutheißt. Es reicht vollkommen, wenn du sie anerkennst. Der Kampf ist vorbei.

Denn solange du nicht vergibst, führst du einen Kampf mit dir selbst. Die andere Person ist häufig schon weitergezogen, vielleicht hat sie die Sache sogar längst vergessen. Doch du lässt alle *Macht* bei ihr und das *Leid* bei dir. Mein Lieblingsspruch, der mir mit einem Satz glasklar gemacht hat, was Vergebung wirklich ist, lautet: *Nicht vergeben ist wie Gift trinken und hoffen, dass der andere stirbt.*

Du darfst heute eine Entscheidung treffen, eine Entscheidung nur für dich. Eine Entscheidung für Heilung, Frieden und Liebe in deinem Herzen. Denn auch wenn dein Kopf dir sagt, dass diese Menschen deine Vergebung nicht verdient haben – *du* hast sie verdient. Und du darfst aufhören zu leiden.

LOVE IT, CHANGE IT OR LEAVE IT

Lass uns noch kurz beim Bild des Rucksacks bleiben. Stell dir vor, wie du diesen schweren, vollen Rucksack durchs Leben schleppst – würdest du freiwillig noch mehr reinpacken? Also ich nicht. An meiner Pinnwand im Büro steckt übrigens ein Post: *Zwischendurch immer schön den Rucksack leeren.* Du siehst, auch ich brauche meine tägliche Erinnerung.

Wenn wir das aktive Loslassen nicht üben und es nicht immer mehr in unseren Alltag integrieren, müssen wir uns nicht wundern, dass wir keine Hand frei haben für etwas Neues. »Loslassen« ist mittlerweile fast zu einem Modewort geworden, das dir mit Sicherheit ständig in Kalendersprüchen auf Pinterest oder Instagram begegnet. Aber nur weil diese Sprüche mittlerweile überall zu finden sind, heißt es nicht, dass in ihnen nicht superviel Wahrheit steckt. Wir sind in unserem stressigen Alltag einfach nur zu abgehetzt, daher bleibt uns meist nur ein müdes »Ja, wenn es so einfach wäre …«.

Also, nehmen wir den Kalenderspruch »Love it, change it or leave it«. Heißt übersetzt: Liebe es, verändere es oder lass es los. Was steckt da alles drin?

Liebst du die Sache, um die es geht, oder hältst du bloß daran fest?

Welche Gedanken und Gefühle verbindest du damit?

Tun dir diese Dinge gut?

Was kannst du aktiv verändern?

Wie würde sich diese Veränderung auf dein Leben auswirken?

Wenn du nichts verändern kannst, ist es Zeit weiterzuziehen (auf das Weiterziehen kommen wir später noch zu sprechen).

Arbeite mit diesen Fragen, indem du sie dir immer mal wieder stellst. Loslassen ist nichts, was man ein für alle Mal erledigt.

Aber geh es locker an – jetzt, wo wir anfangen, Räume zu schaffen für neue Gedanken und Handlungen, dürfen wir auch Kalendersprüchen eine Chance geben. Oder Glückskeksen, da gibt's dann wenigstens noch was zu knabbern.

#Challenge: Leichtes Gepäck

Gewöhn dir bei einer täglichen Routine wie dem Zähneputzen an, einen kleinen Check-up zu machen und dich zu fragen: »Was kann ich heute aus meinem Rucksack rausholen und loslassen?«

TÜR ZU

Loslassen ist im Alltag keine unwichtige Angelegenheit und schafft 'ne Menge Raum für Leichtigkeit. Bei mir ist es zum Beispiel so, dass mein Kopf ständig am Rattern ist und sich dann gerne alles miteinander vermischt. Sprich, ich schreibe gerade diese Zeilen hier, während in meinem Kopf schon wieder zig andere Dinge sind: »Ich muss noch die Mail verfassen«, »Wäsche aufhängen nicht vergessen«, »Noch was fürs Abschlussfest der Klasse organisieren« – To-do-Listen halt.

Doch kann ich wirklich zwei Dinge gleichzeitig machen? Nein.

Das bedeutet, ich muss alles andere loslassen, um eine Sache wirklich gut zu machen. Nur so kann ich im Flow bleiben und letztlich auch fertig werden. Hin und wieder ist ein bisschen Multitasking okay, aber effektiver und gesünder ist es, sich auf eine Sache zu fokussieren. Und um keine Angst haben zu müssen, dass ich meine Gedanken vergesse, schreibe ich sie in meinen Kalender.

Alles hat seine Zeit, auch die Pausen. Wenn der Abend kommt und wir gerade zu Abend essen, schnappe ich mir manchmal ganz unbewusst den Laptop, der Kopf rattert mal wieder. Dann sagt Jakob gerne: »Tür zu«, das Stichwort für »Jetzt ist Feierabend«. Feierabend für den Kopf und die Seele. Denn auch da gilt es loszulassen. Den Arbeitstag Arbeitstag sein lassen und den Feierabend feiern. Sonst würde es doch nicht Feierabend heißen.

Kleiner Funfact zum Abschluss: Gerade habe ich Jakob das Kapitel vorgelesen und er sagte nur: »Man lehrt immer das am besten, was man selber lernen muss.«

Amen.

#LieblingstagCheckliste

- Festhalten ist selbst gemachtes Leid.
- Du kannst nichts loslassen, das du vorher nicht vollkommen angenommen hast.
- Für Vergebung brauchst du niemanden, nur dich selbst.

Die Antwort ist immer in dir!

Welchen Menschen oder welche Situation schleppst du noch in deinem Rucksack mit dir herum?

___

Was hält dich davon ab, loszulassen oder zu vergeben?

___

Stell dir nur für einen Augenblick vor, es wäre dir möglich loszulassen. Schließ die Augen und stell dir vor, du hättest einen Heliumballon an einer Schnur in deiner Hand. Dieser steht für einen Menschen oder ein Ereignis in deinem Leben. Es ist Zeit loszulassen, in Liebe und in Frieden: Sieh es in allen Facetten und Farben vor dir. Während die Schnur aus deiner Hand gleitet und du dem Ballon hinterherschaust, bedank dich bei dir selbst für deinen Mut. Du hast angenommen und losgelassen. Du bist frei.

Wie fühlst du dich?

___

Spielzeugtag

Hallo, Freude – ich lade dich ein!

Augen auf, um dein kleines Glück nicht zu übersehen

Juhuuuu, Spielzeugtag!

Wie geht es dir?

Witzig, dass nach dieser Frage in 99 Prozent der Fälle die Antwort »gut« kommt. Wobei es nur selten die ganze Wahrheit ist. Nimm dir gerne einen kurzen Moment und horch mal in dich rein: »Wie fühlt sich mein Körper an? Bin ich entspannt? Wie war meine Woche, mein Tag bis hierher?« Einfach alles nur wahrnehmen, nicht bewerten. Und jetzt – genießen. Ich habe eine kleine Geschichte für dich und eine weitere Einladung, die wir an unseren Spielzeugtagen verschicken. Diese geht heute raus an die *Freude*.

DAS KLEINE GLÜCK KOMMT GANZ GROSS RAUS

»Ich wusste es doch gleich«, rief der Mann selbstzufrieden seiner Frau zu, die in der Küche am Herd stand, »hier ist niemand.« »Ich bin mir aber ziemlich sicher, dass da was war. Vielleicht hat ja auch das Glück bei uns angeklopft«, meinte die Frau scherzend zu ihrem Mann, der die Haustür wieder schloss.

Das kleine Glück kletterte vom Rosenbusch herunter und stampfte mit dem Fuß auf. Schon wieder hatte man es übersehen. »Hab ich nicht dafür gesorgt, dass eure Rosen in einem so kräftigen Rot leuchten? Dass die Abendsonne um diese Zeit noch in euer Wohnzimmer fällt, habt ihr mir zu verdanken. Und das Lied der Nachtigall – das hab ich komponiert!« Das kleine Glück war richtig wütend und schimpfte laut vor sich hin. »Ich hab die Nase voll davon, ein kleines Glück zu sein. Niemand nimmt mich wahr. Wenn ich doch nur groß wäre!« Schon lange bewunderte es sein Vorbild, das große Glück, weil es wusste, dass sich die Menschen sehr nach ihm sehnten.

Da fasste es einen Entschluss. Und ohne sich noch einmal umzudrehen, lief es los, raus aus der Stadt, immer weiter, bis es auf einen riesigen Berg gelangte. Erschöpft näherte es sich der Quelle des Glücks, neben der ein Wächter saß, der überrascht aufblickte, als das kleine Glück auf ihn zustapfte.

»Lass mich aus deiner Quelle trinken, damit ich groß und stark werde!«, bat das kleine Glück voller Inbrunst. »Aber wieso willst du denn kein kleines Glück mehr sein?«, fragte er verwundert. »Ich will ein großes Glück werden. Das muss das Schönste auf der ganzen Welt sein.« Und schon beugte es sich vor, um aus der Quelle zu trinken. »Warte!« Der Wächter blickte das kleine Glück gütig an. »Hör auf meinen Rat: Bevor du trinkst, sprich einmal mit dem großen Glück.«

»Muss das sein?«, fragte das kleine Glück ungeduldig, doch dann folgte es gehorsam dem Wächter zu einer Höhle, aus der goldenes Licht nach draußen drang. »Hier lebt das große Glück. Es wartet, bis ich ihm einen Auftrag gebe und es zu den Menschen hinabgeht«, erklärte der Wächter. Eingeschüchtert blieb das kleine Glück vor der Höhle stehen und betrachtete das warme, goldene Licht. Schließlich gab es sich einen Ruck und flüsterte: »Guten Tag, großes Glück. Ich würde so gern auch ein großes Glück sein. Hast du etwas dagegen?« »Nein, wieso?«, ertönte eine tiefe Stimme. »Ich freue mich, wenn man mich bewundert. Aber sieh dir zuvor an, was da hinten liegt.« Das kleine Glück trat etwas weiter in die Höhle ein und erblickte einen Scherbenhaufen. Als es näher trat, erkannte es darin Abschiedsbriefe, Fotoschnipsel, zerbrochene Herzen, blaue Briefe, zerkratzte Eheringe, Schuldscheine und sogar Handschellen. Das kleine Glück erschauderte. Das große Glück legte ihm eine Hand auf die Schulter und erklärte: »Wenn man mich nicht behutsam behandelt, zerbreche ich wie Glas. Und dann bleiben bloß Scherben übrig. Leider gehen die Menschen oft achtlos mit mir um, und dann stürzen sie aus dem siebten Himmel direkt in den Strudel der Verzweiflung; manche ertrinken sogar darin.«

Glück ist wie ein Schmetterling.
Je mehr du es jagst, desto mehr wird es sich dir entziehen. Richtest du deine Aufmerksamkeit auf das kleine Glück, wird es sich von selbst auf deiner Schulter niederlassen.

Das kleine Glück war zutiefst erschrocken. »Wirklich? So hab ich mir das nicht vorgestellt. Versteckst du dich deshalb hier in dieser Höhle?« »Genau das ist der Grund. Ich muss darauf warten, dass die Zeit reif ist und endlich wieder ein Mensch für mich bereit ist. Dann mache ich mich auf den Weg und beschenke ihn mit unfassbar viel Glück. Wie er darauf reagiert und was er daraus macht, ist ganz ihm überlassen.« Nachdenklich blickte das kleine Glück sein Gegenüber an. »Anscheinend fällt es den Menschen schwer, mit uns umzugehen, obwohl wir von so vielen herbeigewünscht werden.« Unruhig ging es auf und ab und überlegte laut: »Vielleicht möchte ich doch nicht mehr so werden wie du.«

In dem Moment kam der Wächter herbeigeeilt. »Großes Glück, es ist so weit! Du darfst wieder ein paar Menschen beglücken.« »Endlich!«, rief das große Glück erfreut. »Und du«, sagte der Wächter zum kleinen Glück, das ebenfalls aufgesprungen war, »gehst mit und besuchst ein Paar in der Nachbarschaft, dessen Enkelkinder gerade zu Besuch sind. Kleine Menschen entdecken dich leichter als große.« »Meinst du?« Das kleine Glück war unschlüssig, freute sich aber, dass es das große Glück begleiten durfte. Wie aufregend allein der Weg hinab war! Während es auf dem Hinweg mit seinen kleinen Schritten lange gebraucht hatte, um den Berg zu erklimmen, rauschte es nun im Gefolge des großen Glücks in Windeseile hinab. Und es regte sich in ihm Vorfreude. Denn durch den Besuch in der goldenen Höhle war ihm etwas Wichtiges klar geworden: Nein, es wollte nicht oben auf dem Berg warten, bis es irgendwann vom Wächter einen Auftrag erhielt. Immer deutlicher fühlte das kleine Glück, dass seine Freiheit, immer und überall aufzutauchen, wo es nur wollte, wichtiger als alles andere war. Bei diesem Gedanken ergriff eine gewisse Demut das kleine Glück und es beschloss, von nun an viel geduldiger mit den Menschen umzugehen. Vielleicht musste es sich einfach noch etwas mehr bemühen, damit die Menschen es bemerkten?

Trotzdem bewunderte es das große Glück sehr und wollte ihm das auch zeigen: »Weißt du, dass du wie die Sonne leuchtest?«, sagte es voller Ehrfurcht. »Aber du, mein kleines Glück, funkelst

IN EIN HAUS,
IN DEM DIE
FREUDE LEBT,
zieht auch
das Glück
EIN.

CICERO

so vergnügt und hell wie ein Stern am Himmel«, erwiderte das große Glück. »Du bist wie ein herrlicher, weitläufiger Park mit exotischen Pflanzen.« Und es kam zurück: »Weißt du nicht, wie lieblich ein Stiefmütterchen im Vorgarten ist?« Das kleine Glück war ganz in seinem Element und ihm kamen immer mehr Vergleiche in den Sinn. »Du bist wie der Orientexpress, der seine Gäste schnell und bequem an entlegene Orte fährt.« »Und du bist das Fahrrad, mit dem die Menschen an der frischen Luft durch wunderschöne Natur fahren. Weißt du nicht, wie herrlich sich das anfühlt?« Das kleine Glück musste grinsen. »Doch, das weiß ich. Aber du! Du bist eine leidenschaftliche, stürmische Liebesnacht!« Das große Glück hielt einen Moment inne und antwortete dann: »Du aber sitzt auf der Hand, die zart über eine andere streicht.«

Und so priesen die beiden die Vorzüge des anderen in den schillerndsten Farben und genossen den gemeinsamen Weg. Je mehr sie sich der Stadt näherten, desto heller leuchtete das große Glück und sein kleiner Freund sprang vergnügt neben ihm her und blinkte dabei auf seine Weise. Schließlich erreichten sie eine Kirche, vor der eine Gruppe festlich gekleideter Menschen stand. Doch bevor sich das große Glück seinem Auftrag widmete, wandte es sich dem kleinen Glück zu, sah ihm liebevoll in die Augen und sagte sanft: »Du, mein kleines Glück, bist das wunderschöne Lächeln im Gesicht desjenigen, der gerade eine schöne Geschichte gelesen hat.«

VOM SUCHEN UND FINDEN DER FREUDE

Und wie sieht es bei dir aus? Jagst du auch gerne dem Glück hinterher? Also selbstverständlich dem großen Glück. Hallo? Hast du ja wohl auch verdient. Du rackerst dich ab, versorgst die Kinder, gibst dein Bestes, und wo bitte schön bleibt deine Portion Glück? Das Glück ist natürlich bei den anderen, und die müssen dafür nicht mal so viel tun. Total ungerecht.

Ist das wirklich die Wahrheit? Natürlich wissen wir niemals, was andere für ihr Glück tun. Ob sie es tatsächlich leichter haben. Vielleicht verstehen sie einfach nur die Kunst, das kleine Glück zu sehen, und sind deshalb scheinbar immer fröhlicher.

Heute ist ein sehr guter Tag, um mal dein Verhältnis zum kleinen Glück genauer unter die Lupe zu nehmen.

Ich lasse dir hier mal etwas Platz frei und du darfst für jedes kleine Glück, das dir heute begegnet, einen kleinen Kreis malen oder ein Herz oder einen Strich. Du kannst dafür auch jedes Mal eine neue Farbe nehmen. Feel free. Die Aufgabe darfst du sehr gerne mit in die nächsten Tage und Wochen nehmen – leg dir einfach ein zusätzliches Lesezeichen ins Buch, und immer, wenn dir auffällt: »Die Freude hat mich besucht!«, schlag diese Seite auf und mal. Wie wohl dein Bild in einer Woche aussieht?

Herausforderungen

Lieblingstag 11

Lustig, lustig, tralalalala, der Scheiterhaufen ist wieder da!

Warum Scheitern der Weg zum Erfolg ist

Hast du auch erst gedacht, dass Menschen wie ich seltener scheitern?

»Menschen wie ich« – ich merke gerade beim Schreiben, wie bekloppt das klingt, doch tatsächlich höre ich genau diese Vermutung häufig. Sagen wir also: die Menschen in der Öffentlichkeit, die in der Glitzer- und Glamourwelt, die bei Instagram, na die, die irgendwie Geld verdienen mit Dingen, die Spaß machen. Alles wirkt leicht, allen geht's gut. Zumindest besser als dir.

Sag ehrlich, hast du so was auch schon mal gedacht? Hey, ich lebe selbst in der Bubble und lasse mich trotzdem blenden von all dem Schein. »Mehr Schein als Sein« – dieser Spruch kommt nicht von ungefähr. Wir sehen halt überall nur die tollen Erfolge. Dass davor ein langer Weg lag, ein Weg voller Stolpersteine und Hürden, das blenden wir gerne aus.

Scheitern ist nicht das Gegenteil von Erfolg. Es ist ein Teil davon.

Ohne Scheitern – kein Umdenken.

Ohne Scheitern – kein Ehrgeiz.

Ohne Scheitern – keine Wertschätzung.

Ohne Scheitern – keine Erfahrung.

Was verbindest du persönlich mit Scheitern? Sind deine Gedanken positiv oder negativ?

Vermutlich fallen sie eher negativ aus, weil wir gelernt haben, Scheitern mit etwas Negativem zum verbinden.

KINTSUGI

Schon einmal von der traditionellen Keramiktechnik aus Japan gehört?

Wörtlich übersetzt bedeutet Kintsugi »Goldflicken«. Die Kunst besteht darin, Zerbrochenes mithilfe von Goldlack zu reparieren. Das Erstaunliche an der ganzen Sache ist: Es geht nicht darum, den Schaden zu verbergen, sondern man versucht, ihn sogar extra zu beleuchten. Die Risse und Brüche werden hervorgehoben und nicht kaschiert. Letztlich sieht das reparierte Teil noch schöner aus als im Originalzustand. Und der Gegenstand bekommt eine zweite Chance.

Das Wort »tsugi« bedeutet übrigens nicht nur »flicken«, sondern auch »verbinden«. Und das können wir wunderbar auf uns selbst übertragen: Schwierige Zeiten können auch verbinden; sie führen zu Gesprächen und wir können uns gegenseitig helfen. Ich finde das ganz wundervoll und wir können eine Menge daraus lernen und mitnehmen. Denn wir alle machen Fehler, schließlich sind wir, so wie wir sind, das erste Mal in diesem Leben unterwegs.

LÄUFT BEI MIR – ZWAR RÜCKWÄRTS, ABER ES LÄUFT

Ich schreibe ja gerade dieses wunderbare Buch. Zu dem Zeitpunkt, in dem du es in den Händen hältst, ist es fertig, also davon gehe ich jetzt mal ganz stark aus.

Doch was ist eigentlich bis dahin passiert?

Hab ich den Text easy-peasy mal eben nebenher runtergeschrieben? *Nein*.

Hab ich zwischendurch ungefähr hundertmal gedacht: »Was für ein Schwachsinn. Ich kann das nicht!«? *Ja*.

Ich bin nicht gescheitert. Ich war nur erfolgreich darin, tausend Wege zu finden, die nicht funktionieren. Die Kunst ist natürlich, dranzubleiben und zu akzeptieren, dass Scheitern zum Weg dazugehört.

Gestern hatte ich so einen Tag, ich saß vor meinem Laptop, die Zeit verging und das Papier blieb weiß. Ich war völlig down, ein lebender Scheiterhaufen. Ich muss dir ehrlich sagen, dass ich mich sowieso momentan in einer Phase befinde, die herausfordernd für mich ist. Ich gebe zu, dass ich manchmal selbst genauso ein Buch wie dieses hier brauche. Also schreibe ich es!

So saß ich an meinem Schreibtisch und sagte zu Jakob: »Irgendwie seltsam, da schreibe ich ein Buch über Freude und Leichtigkeit und alles, was ich fühle, ist Druck und Schwere.«

Da läuft doch was schief! Nein, tut es nicht. Denn genau wie du bin auch ich nur ein Mensch und kein »Gute-Laune-Roboter«. Genau wie du habe ich bessere und schlechtere Tage. Genau wie dir gelingen mir viele Dinge auch mal nicht. Genau wie du brauche ich immer mal wieder eine liebevolle Erinnerung daran, dass all diese Prozesse, das ganz normale Auf und Ab zu unserem Leben dazugehören.

WAS ZEICHNET
EINEN MUTIGEN
MENSCHEN AUS?
*Er ist öfter
gescheitert,*
ALS DIE MEISTEN
ANDEREN
BEGONNEN HABEN.

SCHATTENSEITEN ZUM FREUNDSCHAFT-SCHLIESSEN

Wir bringen vieles mit und unsere Persönlichkeit formt sich dann ganz einfach durch unser Leben und unsere Erfahrungen. Niemand ist perfekt. Ist das überhaupt das Ziel? Was oder wer ist schon perfekt? Auch das ist allein eine Frage unserer Betrachtung und Bewertung. Zum Beispiel wird »Schlappmachen«, sprich sich auskurieren und ausruhen, oft als Scheitern bezeichnet. Also meistens nicht von außen, sondern vielmehr sind wir es selbst, die es als ein Scheitern einstufen. Wir sind so oft viel zu hart zu uns selbst, ich schließe mich da nicht aus. Gerade *weil* ich meine, mittlerweile so viel verstanden zu haben, denke ich oft, dass ich doch wissen müsste, wie der Hase läuft. Pustekuchen.

Ist es nicht sogar sehr häufig genau andersherum? Ich habe schon mehrfach mit Ärzten gesprochen, die wissen, worauf es ankommt, um gesund zu bleiben, doch auf sich selbst achten sie oft weniger. Typisch, oder? Wir alle haben für andere gute Antworten oder Tipps parat. Doch bei uns selbst müssen wir uns alles doppelt und dreifach in Erinnerung rufen. Denn wenn wir das nicht tun, meldet sich irgendwann unser Körper.

»Geh du vor«, sagt die Seele zum Körper, »auf mich hört er nicht. Vielleicht hört er auf dich.« »Ich werde krank werden, dann wird er Zeit für dich haben«, sagt der Körper zur Seele.

Heute schreibe ich meine Zeilen in einem schönen Hotelzimmer auf einer Ayurvedakur. Das wollte ich schon immer mal machen, hatte aber bisher noch nie den richtigen Zeitpunkt erwischt. Sich mal eben eine Auszeit gönnen? Mitten im trubeligen Alltag? Wer macht denn so was Verrücktes? Aber – Überraschung – mein Körper schickte mir so viel Migräne, dass ich mir einfach eine Auszeit nehmen »musste«. Denn bei Krankheit ist ja plötzlich alles möglich.

Kennst du das? Du überlegst die ganze Zeit hin und her, wie du endlich mal ein paar Tage wegfahren könntest, nur für dich. Oder mit deinem Partner oder Freunden. Alles in dir sagt: »Ich brauche ein paar Tage zum Durchatmen.« Aber immer gibt es tausend Gründe, warum es nicht geht. Der Job, die Kinder, der Alltag … wenn du da fehlst, wird alles zusammenbrechen.

Doch wenn du nicht mal fehlst, brichst *du* irgendwann zusammen. Vielleicht sogar für länger … Und wenn du dann tatsächlich mal ausfällst, passiert etwas ganz Erstaunliches: *Meistens passiert nichts.* Es geht weiter. Es funktioniert ohne dich. Zwar anders als gewohnt, aber es funktioniert.

Wie Jakob schon immer sagt: »Wenn das Problem da ist, wird auch die Lösung da sein.«

Doch halt, Stopp! Warum so lange warten? Fang an, auf die kleinen Zeichen der Seele zu hören, damit der Körper dir nicht den Rest geben muss. Auszeiten sind kein Scheitern. Pausen sind kein Scheitern. Hier auf der Kur, wo alles auf null gestellt wird, bekommt man einen klaren Blick für das Wesentliche. Und so eine fast erzwungene Auszeit hält viele Schätze bereit. Also ist es weit entfernt vom Scheitern.

Ayurveda ist eine ganzheitliche Heilkunst, und so kann ich auf körperlicher und seelischer Ebene genauer hinschauen, wo meine Migräne herkommt. Krankheiten wollen uns etwas sagen. Mein bester Freund hat mir schon vor Jahren geraten: »Fang endlich an, deine Migräne als deinen Freund anzusehen, ohne sie würdest du dich niemals freiwillig ausruhen.« Und da ist was Wahres dran. Statt Migräne kannst du dir natürlich auch andere Übeltäter wie Magenschmerzen oder Rückenschmerzen vorstellen.

Sicherlich sind einige von euch, die diese Zeilen gerade lesen, auch von Migräne betroffen; nicht umsonst spricht man von einer Volkskrankheit. Aber warum ist Migräne so kompliziert?

Weil es wahrscheinlich so viele verschiedene Ursachen wie Menschen gibt. Die einen vertragen bestimmte Lebensmittel nicht, die anderen sind wetterfühlig. Bei den einen ist der Migräneanfall hormonell bedingt, bei den anderen kommt er vom Rücken oder eher aus der psychischen Richtung. Da muss man schon einen langen Weg gehen, um eine Ursache nach der anderen auszuschließen. Ich weiß bereits, dass es bei mir sehr viel mit Druck, Angst und Wut zu tun hat.

Druck

Der Druck ist klar – kennst du auch, oder? Oft ist er hausgemacht, also den meisten Druck mache ich mir selbst, ob beruflich oder privat. Witzigerweise bin ich, solange der Druck da ist, voll die Rakete. Doch wenn ich mich anschließend entspanne, heißt es »Hallo, Migräne«. Was lerne ich daraus? Ich habe oft keine Mitte. Von 0 auf 120 und zurück. Kein Wunder, dass mein Körper nicht mitkommt.

Falls es dir da ähnlich geht – Pausen sind das Stichwort. Richtig geplante Pausen, lass dafür gerne deinen Handywecker klingeln, wie die Pausenglocke in der Schule. Da reichen alle zwei Stunden fünf Minuten, in denen ich mich kurz auf meine Atmung konzentriere, zwei Gläser Wasser trinke und einen Augenblick im Jetzt verbringe, bevor es mit Karacho weitergeht.

Angst

Angst – ja, es heißt, sie sitze einem im Nacken. Hmmm, könnte hinkommen. Angst ist kein guter Begleiter, so viel weiß ich. Ich weiß auch, dass Vertrauen der richtige Weg ist und ich an guten Tagen – und das sind zum Glück die meisten – angstfrei durchs Leben gehe. Das ist eine bewusste Entscheidung, weil mir die Angst nicht dient. Sie blockiert mich. Doch natürlich habe auch ich Phasen, in denen ich alles vergesse; Phasen, in denen meine rosarote Brille verloren geht und ich meinen Fokus verliere. Ich erzähle dir das, damit du verstehst, dass es völlig normal ist und jedem so geht. Wahrscheinlich brauche ich, solange ich meine Gewohnheiten nicht ändere, eine Migräne, die mich rüttelt und schüttelt und mir knallhart sagt: »Susan, du bist auf dem falschen Weg! Lass los, setz die rosarote Brille auf und vertrau darauf, dass mit Leichtigkeit und Freude im Leben wieder alles fließt.«

Wut

Und was ist mit der Wut? Ich bin eigentlich kein wütender Mensch, doch auf mich selbst kann ich total wütend sein. Richtig ekelig wütend, gerne auch ein bisschen nachtragend. Anfangs habe ich dir erzählt, dass ich sehr häufig sage: »Ich ärgere mich …« Da ist sie, die Wut. Auch hier ist es sehr spannend, wie der Körper mit uns spricht.

Ich hatte die letzten Wochen immer Rückenschmerzen, ein

Wirbel hatte es mir besonders angetan und der Schmerz strahlte schön in meinen Nacken und Kopf aus. Hier auf der Kur schaute sich die Ärztin das genauer an und sagte: »Ach, schau mal, der vierte Brustwirbel steht für: innere Wut, lässt nichts raus, zielstrebig, verbittert, hart zu sich selbst.«

Oha! Erwischt.

Warum schreibe ich das alles auf? Weil das alles ein Teil von mir ist. Weil wir mit unseren Schattenseiten Freundschaft schließen dürfen. Weil das alles ich bin. Und wenn ich dir nichts davon erzähle, denkst du dir: »Ja, das mit der Leichtigkeit und Freude, das ist natürlich einfach, wenn man Susan Sideropoulos ist.« Nein, wir haben alle unsere Rucksäcke zu tragen. Und gerade weil ich sehr gut weiß, wie es sich anfühlt, wenn alles anstrengend ist, ist es mir eine Herzensangelegenheit, dir da rauszuhelfen.

AFFIRMATIONEN

Eine Sache, die super hilft, sind Affirmationen. Eine Affirmation ist ein Satz, der dein Unterbewusstsein positiv programmiert. Es ist nämlich so, dass wir uns ganz unbewusst täglich programmieren. Leider meist negativ behaftet. Schon in unserer Kindheit werden wir (auch meist unbewusst) negativ programmiert. Bis zu unserem siebten Lebensjahr speichert unser Unterbewusstsein all diese Programme oder Glaubenssätze ab. Jetzt bist du erwachsen, und weil wir um diese Umstände wissen, können wir heute dasselbe tun, nur eben absolut bewusst. Wir sind wie eine Compuerfestplatte. In den letzten Kapiteln haben wir da schon ordentlich aufgeräumt. Nun hast du Platz für neue Programme. Dafür brauchst du Affirmationen.

Momentan bin ich jeden Morgen dabei, Affirmationen zu sprechen. Ich gebe zu, in der letzten Zeit hab ich das etwas vernachlässigt. Und ja, auch ich muss am Anfang wieder reinfinden. »Ich erlaube mir, gesund zu sein« steht gerade auf meinem Programm.

Du kannst Affirmationen zusätzlich durch Klopfen unterstützen. Einfach mit dem Zeigefinger und Mittelfinger auf die obere Handfläche, zwischen kleinem Finger und Ringfinger, klopfen. So verbindest du deine Worte direkt mit deinem Körper. Je öfter du das machst, desto besser funktioniert es. Inzwischen geht es bei mir wesentlich schneller als am Anfang. Bereits nach einem Tag spüre ich die Energie der Worte in meinem ganzen Körper.

Übung: Verbindung zu deinem Lieblingsgefühl

Wähl eines deiner Lieblingsgefühle aus und formulier deine ganz persönliche Affirmation:
Ich bin erfüllt von ______________________

Jedes Mal, wenn du dir in dieser Woche die Hände wäschst und vor einem Spiegel stehst, sprichst du diesen Satz laut aus. Schenk dir dabei dein größtes Lächeln. Ebenso wenn du an einer roten Ampel stehst. Und auch im Bett vorm Einschlafen sprich noch dreimal laut deine Affirmation aus.
Solltest du keine Erfahrungen mit Affirmationen haben, fühlt es sich zu Beginn megakomisch an. Die Devise heißt: Dranbleiben und es trotzdem machen!

SCHEITERN KANN AUCH LUSTIG SEIN

Dadurch, dass mir meine ganzen Muster – nennen wir sie liebevoll Schattenseiten – mittlerweile bewusst sind, kann ich fast schon schmunzeln, wenn ich wieder im alten Trott bin und nicht vorankomme.

Über sich selbst zu lachen ist wohl die Königsdisziplin. Wenn wir das schaffen, sind wir einen Riesenschritt weiter in Richtung Leichtigkeit und Freude. Allein wenn du diese Zeilen liest … über mich selbst lachen …, kommt doch ein klitzekleines Schmunzeln auf deine Lippen, oder?

Deine kleine #MiniChallenge für heute:

1. dich aufmerksam beobachten
2. über dich selbst lachen.

Nachdem wir ein wenig gelacht haben, schauen wir in deine Vergangenheit. Überleg doch mal, an welchen Punkten du in deinen Augen gescheitert bist.

Ist es rückblickend immer noch ein Scheitern?

Hat es dich vielleicht irgendwo hingebracht, wo du sonst nicht gelandet wärst?

Oder war das Problematische eher dein Umgang mit deinem vermeintlichen Scheitern? War es deine Bewertung? Warst du vielleicht auch zu hart zu dir?

Wende dich mal deinen letzten Wochen zu, wie sah es da aus? Klapp das Buch ruhig einen kurzen Moment zu und denk über diese Fragen nach.

Und nun, ab heute, schau noch mal genauer hin: Hat sich deine

Sichtweise auf das Scheitern schon geändert? Frag dich auch immer: »Wie würde ich in so einer Situation mit meiner besten Freundin oder Freund umgehen?«

Wenn du das nächste Mal an einem Punkt bist, an dem du dich über dich ärgerst oder glaubst zu scheitern, denk an diese Zeilen. *Lustig, lustig, tralalalala, der Scheiterhaufen ist wieder da.* Ja, du darfst das dann auch singen oder summen, alles, was dir hilft, die Situation lockerer zu nehmen, und dir vielleicht auch ein Lächeln ins Gesicht zaubert.

Woran ich in solchen Momenten auch gerne denke, ist der Satz: Auch das geht vorbei.

Hallo, Freude, danke, dass du auch
in schweren Zeiten an meiner Seite stehst.
Auf dich ist Verlass.

Wenn alles den Bach runtergeht, denk immer daran:

Alles fließt, es ist nur eine Momentaufnahme.

Durchatmen und Schritt für Schritt weitergehen.

Genauso denke ich auch in Zeiten voller Erfolg und Glücksrausch: »Auch das geht vorbei.«

Es hilft mir, den Moment mehr wertzuschätzen und keine Höhenflüge zu bekommen. Alles geht vorbei.

Nur du *bist. Jetzt! In diesem Augenblick.*

Wenn das kein Grund zu Freude und Leichtigkeit ist.

#LieblingstagCheckliste

- Scheitern ist nicht das Gegenteil von Erfolg, es ist ein Teil davon.
- Liebe deine Schattenseiten und schließ sie in dein Herz.
- Auch das geht vorbei. Alles fließt.

Die Antwort ist immer in dir!

Mit welchen Schattenseiten von dir möchtest du ab heute Freundschaft schließen?

____

____

____

Welchen Rat würdest du dir geben, wenn du selbst deine beste Freundin wärst?

____

____

____

Welcher Moment des Scheiterns hat dich im Leben weitergebracht?

____

____

____

Lieblingstag 12

LieblingsFrauen

Mach dich zu einer LieblingsFrau in einer Welt voller LieblingsFrauen

Dieses Kapitel ist allen Frauen gewidmet.

Natürlich dürfen und sollen auch Männer dieses Kapitel lesen, sicherlich können auch sie etwas daraus mitnehmen. Doch gewidmet ist es euch:

meiner Mama, die mich in der kurzen Zeit, die wir nur gemeinsam hatten, zu dem Menschen gemacht hat, der ich heute bin; meinen Vorfahren, die nicht mehr unter uns sind und von denen ich vieles in die Welt weitertragen darf; meiner Schwiegermama und allen Frauen aus meiner Familie, die ein Geschenk sind; meinen Freundinnen, die diesen Ort zu einem wundervollen machen; meinen Kolleginnen, mit denen ich eine grandiose Zeit bei der Arbeit verbringen durfte und darf; Frauen, die mich inspirieren; Frauen, die mich triggern und mir dadurch beim Wachsen helfen; fremden Frauen, die mir im Alltag begegnen und ihn versüßen, und natürlich euch – Frauen, die mit mir den Weg gehen, meine Bücher lesen, meine Fernsehbeiträge verfolgen und mich in den sozialen Medien unterstützen.

Ich starte einfach mal mit einem herzlichen Dankeschön!

Warum ist es mir wichtig, über Frauen zu schreiben? Ich beobachte immer noch, dass wir in unserer Gesellschaft noch lange nicht an dem Punkt angekommen sind, an dem wir Frauen uns wirklich unterstützen, uns gegenseitig hochheben und leuchten lassen. Natürlich gibt es Ausnahmen, doch im Großen und Ganzen gibt es unterschwellig immer noch eine große Angst. Die Angst um den eigenen Platz. Egal ob im beruflichen oder im privaten Leben, es könnte immer eine kommen, die schöner, mutiger, jünger oder interessanter ist, und was passiert dann mit mir? Gibt es genug Platz für uns alle?

Ja, wir haben immer noch ein großes Problem mit der Aufteilung; in vielen Berufen entscheidet man sich immer noch für den unkomplizierten Mann, der dann nicht plötzlich schwanger wird oder sich um die Kinder zu Hause kümmern muss. Wir müssen auch nicht über die immer noch ungerechten Gehaltsunterschiede zwischen Männern und Frauen sprechen. Auch nicht über die Frauenquote. Darüber, dass im deutschen Fernsehen nach wie vor viel mehr Männer als Frauen die Inhalte bestimmen, sowohl vor als auch hinter der Kamera. Oder hast du mal eine Show gesehen, in der mehr Frauen als Männer in der Jury sitzen oder ein Frauenduo eine Sendung moderiert?

Vieles bewegt sich schon langsam in eine gute Richtung, doch da ist noch viel Luft nach oben. Ich hoffe, dass wir noch ganz viel Veränderung miterleben werden.

Doch mit diesen ganzen Strukturen möchte ich mich hier gar nicht lange aufhalten. Mir geht es mehr um das Zwischenmenschliche unter uns Frauen. Was können wir aktiv anpacken und verändern, um uns gegenseitig zu unterstützen? Vielleicht brauchen wir auch hier einen Perspektivwechsel und ein Bewusstsein dafür, welche Muster sich in Bezug auf Dynamiken unter Frauen bereits eingeschlichen haben.

FRAUEN SIND …

Fangen wir intuitiv an. Wenn du mal grundsätzlich an Frauen denkst, welche Eigenschaften kommen dir in den Sinn?

In meiner Coachingausbildung haben wir uns in einer Einheit ausgiebig mit dem Thema Frauen und Männer auseinandergesetzt. Dafür haben wir uns für die ersten zwei Tage getrennt, was bedeutet, dass wir Frauen ganz unter uns waren.

Als Erstes sollten wir angeben, welche Eigenschaften uns in den Sinn kommen, wenn wir an Frauen denken. Zu meiner Überraschung fielen die Beschreibungen eher negativ aus, was natürlich an den unterschiedlichen Erfahrungen liegt. »Missgunst«, »Konkurrenz«, »Zicken« oder »Neid« waren nur ein paar der Schlagwörter. Tatsächlich ist meine Wahrnehmung eine andere. Als ich die Wörter, die mir in den Sinn gekommen waren, laut vorlas – »Vertrauen«, »Miteinander«, »Spaß«, »albern sein«, »Verständnis«, »Schönheit« –, schauten mich viele irritiert, aber auch freudig überrascht an.

Ich liebe Frauen. Vielleicht liegt es daran, dass ich durch meine Familie, meinen Freundes- und Bekanntenkreis so positiv geprägt wurde. Dazu kommt, dass ich selbst so unfassbar gerne eine Frau bin, mit allem, was dazugehört. Ich fand es auch total spannend, wie viele Frauen sich allein durch mein kleines rosa glitzerndes Buch getriggert fühlten. Ich habe so viele Zuschriften bekommen, in denen es hieß, dass sie sich erst total gesträubt hätten, dieses Buch zu kaufen, doch mit einem Mal sei es ständig aufgetaucht, bis sie es dann doch gekauft hätten. Zu ihrer eigenen Überraschung waren sie dann sehr begeistert und fanden auch eine Erklärung dafür, warum es ihnen erst so übel aufgestoßen war.

Es gibt wirklich sehr viele Frauen, die glauben, dass sie in dieser immer noch viel zu maskulinen Welt ihre Weiblichkeit ein Stück weit wegschieben müssen, um zu bestehen. Dass sie tougher, härter und männlicher wirken müssen, um ernst genommen zu werden. Doch ich denke, das kann und darf nicht der Weg sein. Wir können sehr wohl weiblich und gleichzeitig stark sein, da ist überhaupt kein Widerspruch. Ganz im Gegenteil. Wir können Wissen und Weisheit vermitteln, und all das darf auch in einem kleinen rosa glitzernden Buch stecken. Nur mal so als Beispiel für vieles.

Im Grunde geht es um Authentizität. Und um authentisch zu sein und zu uns zu stehen, so wie wir sind, brauchen wir natürlich in erster Linie Selbstliebe. Wir können nicht erwarten, dass andere in uns etwas sehen, das wir selbst nicht sehen.

ES IST SCHWER, ANDERE FRAUEN ZU LIEBEN, WENN WIR UNS SELBST NICHT LIEBEN

Wir Frauen sind schon speziell. Zwar mögen einige in vielen Dingen unkompliziert sein, doch mit uns selbst sind wir nur sehr selten zufrieden. Es ist doch fast so, als wären wir sogar ständig auf der Suche nach Fehlern.

»Hey, toll siehst du heute aus.«

»Ach was, weißt du, hab meine Haare nur mal eben in fünf Minuten hochgesteckt.«

Warum nicht einfach nur »Danke« sagen?

JE MEHR DU
ANDERE INS
LICHT STELLST,
DESTO HELLER
fällt die
Reflexion
AUF DICH
ZURÜCK.

Natürlich stecken in diesen Mustern generationsübergreifende Glaubenssätze und Prägungen. Bescheidenheit und Zurückhaltung waren für Frauen über viele Jahrzehnte erstrebenswerte Eigenschaften, die niemals hinterfragt wurden. Und ein gewisses Maß dieser Eigenschaften ist natürlich gesund und würde einigen Männern wiederum ganz guttun.

Doch wir Frauen haben so viel mehr Potenzial, das wir ausschöpfen sollten. Stell dir mal vor, du würdest dieselbe Energie, die du momentan in deine Selbstzweifel steckst, darin investieren, du selbst und glücklich zu sein.

Eine gute Freundin von mir sagte einmal: »Weißt du, was ein gravierender Unterschied zwischen Frauen und Männern ist? Männer finden sich immer ein klein wenig besser, als sie sind, und Frauen immer ein klein wenig schlechter.«

Niemand ist wie du, und das ist deine Stärke.

Sehr gut zu erkennen bei Bewerbungen. Sagen wir mal, im Anforderungsprofil stehen zehn Punkte, die gewünscht sind. Eine Frau liest sie gewissenhaft durch und bei Punkt neun steht vielleicht »PC-Kenntnisse erwünscht«. »Frau« denkt sich: »Puh, das ist lange her, ist mir zu riskant, bewerbe ich mich lieber nicht.« »Mann« liest die Liste, sieht Punkt eins »Englischkenntnisse gewünscht« und denkt sich: »Super, kann ich. Der Rest wird schon irgendwie funktionieren!«

Da dürfen wir Frauen uns ruhig 'ne Scheibe von abschneiden.

Wir dürfen ein wenig spielerischer in neue Lebenssituationen eintauchen und uns auch immer wieder neu fragen: »Was macht mir gerade wirklich am meisten Angst?« oder »Was ist das Schlimmste, das passieren kann?«. Wir dürfen unseren Perfektionismus, der uns nicht weiterbringt, sondern eher aufhält, ruhig mal über Bord werfen. Denn meistens ist das Schlimmste gar nicht so schlimm.

Wir Frauen kennen das alle. Wir befassen uns so gerne mit den Dingen, die wir nicht beherrschen, und machen uns damit klein. Anstatt unseren gesamten Fokus auf unsere Stärken zu richten. Lass uns also unsere Zeit lieber damit verbringen, unsere Stärken anzuerkennen. Davon hast du sicher eine ganze Menge.

Übung: Stärken stärken

Nimm dir ein Blatt Papier und einen Stift und sorg dafür, dass du zehn Minuten ungestört bist, um folgende Fragen zu beantworten:
Welche Stärken werden dir von anderen häufig nachgesagt?
In welchen schwierigen Situationen hast du andere oder dich selbst schon überrascht?
Schau dafür auch in deine Vergangenheit: deine Schulzeit, Studium, erste Jobs und so weiter. Da gab es sicher einiges, wovon du rückblickend sagen kannst: »Wow, ehrlich gesagt, ziemlich cool gewuppt die Zeit.«
Diese Eigenschaften stecken noch in dir.
Zeit, sie wieder rauszuholen!

»EIGENLOB STINKT«

Den Ausdruck hast du auch schon mal gehört, oder? Aus der Kategorie »Glaubenssätze zum Streichen«.

Eigenlob ist so ungefähr das Wertvollste, das wir uns selbst schenken können, und es stinkt nicht, sondern riecht nach Wohlwollen, Dankbarkeit, Freude, Leichtigkeit und Selbstliebe.

»Hochmut kommt vor dem Fall.« Ja klar gibt es Menschen, die sich selbst überschätzen. Doch ich finde, das ist mutig, und Mut wird meistens belohnt. Auch wenn Dinge nicht funktionieren, ist man hinterher um eine Erfahrung reicher.

Viele fühlen sich von sehr starken und selbstbewussten Frauen getriggert. Nehmen wir Heidi Klum. Sie sprüht nur so vor Freude und Leichtigkeit, dazu hat sie vier Kinder und einen Vollzeitjob. Ja, sie hat Geld und Hilfe. Doch sie ist auch nur ein Mensch und mit Sicherheit zahlt sie ihren Preis, um da zu sein, wo sie ist. Auf jeden Fall tut sie, was sie liebt, und das sieht man ihr auch an.

Vielen ist das zu viel. Und die eigentliche Frage lautet, warum das so ist. Was triggert mich? Du erinnerst dich: »Alles, was mich trifft, betrifft mich.« Vielleicht wünscht sich ein Teil von dir auch den Mut, einfach so zu sein, wie du bist, egal was die anderen sagen. Den Mut, Spaß am Leben zu haben und es auch noch mit der Welt zu teilen. Natürlich gefällt das nicht jedem. Aber muss es das?

MEG RYAN

Ich habe mal ein sehr spannendes Interview mit der Schauspielerin Meg Ryan gelesen. Wir kennen sie aus all unseren Lieblingsschnulzen, *Schlaflos in Seattle, e-m@il für Dich, Harry und*

Sally und viele mehr. Sie erzählt, dass sie so viel Energie in ihrem Leben verschwendet hat, weil sie sich immer ärgerte, auf diese Art Rolle reduziert zu werden. Sie wollte allen und vor allem sich selbst unbedingt beweisen, dass sie mehr kann als das. Doch die Filme, in denen sie ernstere Rollen spielte, waren weniger erfolgreich. Jahrelang betrachtete sie das als Schwäche, bis sie eines Tages darin etwas Wertvolles erkannte. Immer wenn ein neuer Romantic-Comedy-Blockbuster geplant wurde, war sie die Erste, die gefragt wurde, ob sie die Hauptrolle spielen wollte. Sie war die Nummer eins. Was für eine unglaubliche Auszeichnung ihres Talents! Die Menschen strömten ins Kino, um einen Meg-Ryan-Film zu sehen.

Ja, es gibt einen Unterschied zwischen einem Meg-Ryan-Film und einem Film mit Meg Ryan. Wir lieben sie nun mal in genau diesen Figuren, die uns zum Lachen und zum Weinen bringen. Aus dem richtigen Blickwinkel betrachtet war es niemals eine Schwäche, sondern vielmehr eine Stärke. Wie viele Schauspielerinnen wären gerne an ihrer Stelle gewesen.

In dem Interview sagte sie, es sei ein Glück, diese Erkenntnis irgendwann erlangt zu haben, auch wenn es etwas gedauert habe. Diese Erkenntnis brachte ihr Frieden, der Widerstand löste sich auf. Es war nie der Fakt, dass sie in dem anderen Fach nicht gut war, sondern dass sie in ihrer Kernkompetenz eben Weltklasse war.

Was können wir aus dieser Geschichte mitnehmen? Wir verschwenden tagtäglich unfassbar viel Energie: So wie es ist, reicht es uns einfach nicht. Aber das ist ein Kampf, den wir nicht gewinnen können, weil wir selbst der Richter sind. Und wir gehen mit uns selbst immer zu hart ins Gericht.

MEIN KÖRPER – MEIN FEIND

Ich sitze im Freibad, während ich diese Zeilen schreibe. Ich schaue mich um und sehe Körper, viele unterschiedliche Körper. Kinder, Jugendliche, Erwachsene und alte Menschen tummeln sich in der Hitze um mich herum. Die jungen Frauen versuchen sich in ansehnliche Posen zu legen, viele behalten ihre Shorts an, manche auch ihre Kleider. Einige wenige sitzen, so wie sie sind, gemütlich im Schneidersitz und wirken entspannt.

Ehrliche Prognose: Etwa 95 Prozent der Körper, die ich hier sehe, sind ganz normal. Was bedeutet »normal«? Nun, hier und da bisschen mehr, die einen obenrum, die anderen untenrum, ein paar Dellen in den Beinen. Eben ganz normal. Doch wir sind nicht bereit, dieses Bild als normal anzuerkennen.

Mir ging es sehr lange auch so. Und auch heute noch ertappe ich mich dabei, meinem Körper gegenüber absolut ungerecht zu sein. Seit ich ein Teenager bin, hatte ich immer eher eine weichliche Figur. Tatsächlich mehr Oberweite als heute, immer schon einen Po, eine sehr schmale Taille und bissel mehr Oberschenkel. Cellulite gehörte auch schon immer zu mir. Witzig ist, dass dieser Part meines Körpers, also meine Oberschenkel und mein Po, niemandem außer mir groß aufgefallen ist. Alle sahen immer nur meine sehr schmale Taille.

Ist das nicht spannend? Bei anderen sind wir nur auf das fokussiert, was positiv raussticht, bei uns selbst ist es genau umgekehrt. Wenn ich mich hier im Freibad umschaue, ist mein Blick auf cellulitefreie Beine gerichtet, ob die Frau dazu ein kleines Bäuchlein hat, übersehe ich. Ich schaue neidvoll auf makellose Beine und hasse meine in diesen Momenten direkt noch mehr.

Wobei ich ein Stück weit meinen Frieden mit meinen Beinen gemacht habe, als ich vor sage und schreibe 15 Jahren bei »Let's Dance« mitgemacht und sogar gewonnen habe. Drei Monate Hochleistungstraining, ich wog zum Schluss 45 Kilo und davon war einfach alles Muskeln. Die Cellulite war immer noch da. Vielleicht ein bisschen weniger, aber sie war da, weil sie einfach zu meiner Körperstruktur gehört. Sixpack, aber Cellulite. Das bin ich, also das könnte ich sein unter Bedingungen von Extremsport.

Andere können dir die Liebe nicht geben, wenn du dir sie selbst nicht gibst.

Ich würde lügen, wenn ich behauptete, ich wäre mittlerweile absolut im Frieden mit meinem Körper. Wenn ich jetzt hier so sitze, streiche ich über meine Dellen und stelle mir vor, sie wären nicht da, und dann frage ich mich, wäre ich dann wirklich glücklicher? Ich glaube nicht. Denn dann würde ich etwas anderes finden, mit dem ich unzufrieden wäre.

Was ich aber gemerkt habe, ist, dass es mir besser geht, wenn ich Sport mache, und es ist völlig egal, welche Art von Sport. Bewegung im Alltag ist ebenfalls Sport. Es geht mehr darum, meinem Körper das Signal zu geben, dass er mir wichtig ist, dass ich ihn liebe und mich um ihn kümmere. Dass ich dankbar bin, ihn zu haben, und ich sehr wohl schätze, was er alles für mich leistet. Ich fühle mich fitter, gesünder, und auch wenn ich dadurch kein Gramm verliere, fühle ich mich anders. Meine Körperhaltung verändert sich und ich fühle mich lebendiger in meiner Kraft.

Sport ist eine super Gelegenheit, dem Körper zu zeigen, wer hier das Sagen hat. Das bin immer noch ich. Ich entscheide ganz allein, wo meine Grenzen sind, und ich kann an der Situation, die mir nicht gefällt, etwas verändern.

SELBSTBEWUSSTSEIN

Bist du auch beeindruckt von selbstbewussten Frauen? Frauen, die in einen Raum kommen, ganz aufrecht, mit dieser absolut sicheren Haltung. Manchmal guckst du dir die jeweilige Frau an und denkst: »Eigentlich ist sie auch nicht perfekt, aber man merkt es ihr nicht an.«

Diese Frau ist wie du. Ihr Selbstbewusstsein kommt nur daher, dass sie sich ihrer selbst »bewusst« ist. Daher kommt auch das Wort Selbst*bewusst*sein.

Diese Frau weiß um ihre Stärken und ihre Schwächen und kann deshalb bewusst und authentisch mit allem umgehen.

REEL ODER REAL

Den Vergleich mit Models, Sängern oder Schauspielern hat es schon immer gegeben. Und natürlich haben wir uns dabei mit Bildern aus hochinszenierten Shootings verglichen.

Doch heute sind wir täglich Social Media ausgesetzt, und das ist schon 'ne andere Nummer. Manchmal fühle ich mich selbst schon wie 'ne alte Frau, wenn mir entweder meine Kinder irgendwelche Neuheiten erklären oder Freundinnen mir neue Apps zeigen. Ich sitze dann total erstaunt da.

Zum Beispiel neulich, als eine Freundin ein Bild von uns Mädels komplett mit Photoshop bearbeitet hat. Andere Haare, Augenfarbe, schmalere Beine und so weiter. Erst lachten wir alle und dann fragte ich in die Runde: »Machen das die Leute etwa so krass bei Instagram?« Die Mädels mussten einmal mehr über mich lachen, weil ich solche Sachen schon immer als Letzte gecheckt habe. Oh Mann, das ist echt bitter. Und ich dachte, die Filter wären krass. Ehrlicherweise packe ich meistens auch einen drauf; da ich so gut wie immer ungeschminkt bin, denke ich, wenigstens sieht man dann wach und strahlend aus. Doch die Wahrnehmung von uns selbst wird immer verschobener. Wir messen uns an unrealen Maßstäben.

Was ist die Lösung? Ein Verbot für Bildbearbeitung oder Filter? Ich weiß es nicht. Ich denke, vielmehr sollten wir uns die Tatsache bewusst machen, dass einfach wirklich niemand so aussieht. Und die Tatsache, dass wir alle die gleichen Gedanken und Unsicherheiten teilen. Wir sollten diese ganzen Reels als das ansehen, was sie sind: Kunst. Und eben nicht das reale, erstrebenswerte Leben.

SPIEGLEIN, SPIEGLEIN IM BAD, ZEIG MIR, WAS ICH AN MIR AM LIEBSTEN MAG

Wir haben ja schon über Fokussierung gesprochen. Deine Energie fließt dahin, wo deine Aufmerksamkeit ist, und damit beeinflusst du deine Gedanken, dein Fühlen und dein Handeln. Deshalb ist es wichtig, die Dinge, die bereits gut sind, in den Fokus zu rücken. Das ist genau das gegenteilige Gedankenmuster von: »Wäre nur mein Bauch dünn, dann wäre alles gut und ich wäre zufrieden.« Was zum Teufel ist mit dem Rest deines Körpers? Wie wäre es mit »Hey, so gut wie alles an mir ist völlig okay und mein kleines Bäuchlein werde ich auch noch los, wenn es mich wirklich stört.«

Doch meistens laufen wir durch unser Leben in der Hoffnung, dass uns irgendjemand bestätigt, gut und genug zu sein, so wie wir sind. Das wird aber niemand für dich lösen können, wenn du nicht selbst davon überzeugt bist. Lass dir das von einer Frau gesagt sein, die von dem tollsten Mann der Welt so viel Bestätigung bekommt und dazu noch von vielen Menschen da draußen. Doch in Zeiten, in denen ich es selbst nicht fühlen konnte, war es völlig egal, wie viel Zuspruch von außen kam. Er prallte an mir ab.

Und deshalb geht es bei der nächsten Übung, die ich dir zum Thema »Selbstliebe lernen« mitgeben möchte, um positive Fokussierung.

Übung: Ich liebe mich, weil ...

Geh in dein Badezimmer, stell dich vor den Spiegel, und nun schau mal, was du an dir am liebsten magst. Und bitte sag jetzt nicht »Nichts«, das glaub ich dir nicht. Sind es deine Haare, dein Lächeln, deine Augenfarbe, deine Hände, dein Busen, dein Schlüsselbein, dein Bauch, deine Beine, deine Füße ...?

Such dir mindestens eine Sache aus und konzenrtrier dich auf diesen Körperteil. Lächle in dich hinein und sag diesem Körperteil mal, wie glücklich du bist, ihn zu haben. Du hast ihm sicher nie die Aufmerksamkeit geschenkt, die er verdient hat, viel zu sehr warst du damit beschäftigt, sämtliche anderen Körperteile niederzumachen. Damit ist jetzt Schluss! Ab heute wird sich mit den schönen Teilen beschäftigt.

Manchmal fühlt sich unser Verstand ausgetrickst, wenn du dir von jetzt auf gleich erzählst, wie toll du bist. Deshalb ist es sinnvoll, Beweise zu sammeln. Überleg mal, warum dein Lächeln so wundervoll ist. Hat es vielleicht schon viele andere Menschen zum Lachen gebracht? Oder deine Oberarme – die sind richtig muskulös, das ständige Kindertragen ist quasi Sport und kann sich echt sehen lassen. Deine Haare? Du findest sie immer etwas zu zerzaust, aber deine Freundinnen würden sich solche Locken wünschen.

STARCHASER

Der Gesichtleser Eric Standop hat in einer Session in meinem Gesicht folgende Lebensaufgabe gelesen. Er sagte mir, ich sei ein Starchaser und meine Aufgabe sei es, »für andere die Sterne vom Himmel zu holen, die selbst nicht die Kraft dazu haben«.

Das hat mich tief berührt und ich verstehe darunter, anderen – und vielleicht vor allem Frauen – zu helfen, in ihre Kraft zu kommen. Ich liebe es, das zu tun. Und ich liebe es, mit anzusehen, wie die Frauen um mich herum anfangen, heller zu strahlen. Keine Sekunde habe ich Angst, sie könnten mir damit das Licht nehmen. Im Gegenteil – je heller ihr Licht leuchtet, umso stärker ist ihre Reflexion, die auf mich zurückscheint.

LIEBLINGSFRAUEN

Mama, Liza, Rima, Ina, Daniela, Becky, Marisa, Katja, Romi, Lana, Linda, Ilona, Simona, Susi, Julia, Vio, Evita, Nina, Emell, Marei, Maya, Ebru, Marina, Nadine, Mimi, Tina, Diana, Tanja, Leonie, Ines, Nuna, Anne, Raffaela, Sabiha, Kathrin, Kristina, Laura, Christina, Isabel. Und es werden immer mehr.

Und wie heißen deine LieblingsFrauen?

____

____

____

____

____

#Challenge: Freundschaftsbrief an dich selbst

Schreib dir einen Brief, als wärst du selbst deine beste Freundin. Worauf bist du richtig stolz, was hast du in den letzten Jahren super gemacht? Welche Eigenschaften haben dir dabei geholfen? Wann hast du dich das letzte Mal mit jeder Faser deines Körpers als Frau gefühlt? In welchen Momenten fandest du dich wunderschön? Schreib es in deinen liebevollsten Worten, genau so, wie du es deiner besten Freundin sagen würdest.

#LieblingstagCheckliste

- Es ist schwer, andere Frauen zu lieben, wenn du dich selbst nicht liebst.
- Selbstbewusstsein = sich seiner selbst *bewusst* sein
- Lass andere leuchten, die Reflexion fällt immer auf dich zurück.

Die Antwort ist immer in dir!

Welche Eigenschaften bewunderst du an anderen Frauen, gestehst sie dir aber selbst nicht zu?

Was würde sich in deinen Augen in der Gesellschaft ändern, wenn Frauen genauso selbstbewusst wären wie Männer?

Lieblingstag 13

Ene, mene, muh, Miesepeter, raus bist du!

Von der Macht eines stärkenden Umfelds

Rückblickend waren die Probleme als Kind so schön leicht zu lösen. Bei Entscheidungsfragen wurde 'ne »Runde Schnick Schnack Schnuck« gespielt oder eben »Ene, mene, muh und raus bist du«. Fertig!

Kinder entscheiden intuitiv, mit wem sie ihre Zeit verbringen möchten, und wenn es mit jemandem ungemütlich wird, gibt's eben 'ne Schippe auf den Kopf.

Gut, das kann langfristig nicht die Lösung bleiben, aber zumindest dürfen wir uns von ihnen abgucken, dass wir nicht zwangsläufig Zeit mit Menschen verbringen müssen, die uns nicht guttun. *Ent-folgen geht auch im echten Leben.*

Ja, dafür müssen wir etwas mehr tun, als nur auf eine Taste zu drücken, aber die Möglichkeit besteht.

Doch wie soll das gehen, wenn ich diese Menschen, die mir Energie rauben, jeden Tag von morgens bis abends im Büro sehe? Da gibt's kein Entkommen.

Diese verrückten Eltern im Klassenchat, die zu allem und jedem eine Meinung haben – da muss ich wohl durch.

Ich liebe meine Freundin wirklich von Herzen – aber ihre Einstellung macht mich wahnsinnig.

Und wie soll ich meiner Schwiegermutter entfolgen???

Das stimmt, es gibt Menschen, mit denen du zwangsläufig eine gewisse Zeit verbringen musst, doch *wie* du diese Zeit in Zukunft gestaltest, liegt allein bei dir.

Folgende Situation: Mittagspause im Büro, deine Kolleginnen versammeln sich. Eine ruft zu dir rüber, ob du mitkommst. Du spürst, dass du eigentlich keine Lust hast, denn du weißt genau: In der nächsten Stunde wird nur getratscht. Aber wenn du jetzt Nein sagst, wirst vermutlich du das Thema der Mittagspause sein. Also was tun?

Wichtigste Erkenntnis:

Was Hans über Peter sagt, sagt mehr über Hans als über Peter.

Zunächst ist es schon mal sehr gut, wenn dir diese Dinge bewusst werden. Häufig ist es ja eher so, dass man total ausgelaugt von der Arbeit nach Hause kommt und sich fragt, was einem überhaupt die ganze Energie geraubt hat.

Deine Mittagspause – deine Insel. Bevor du deine Zeit mit Menschen verbringst, die dir nicht guttun, und es als Gesellschaft keine Alternative gibt, bleib lieber allein. Nutz diese wertvolle Zeit und lies ein paar Seiten in einem schönen Buch, hör einen Podcast oder geh spazieren und atme tief durch. Du wirst schnell merken, welch großen Unterschied diese kleine Umstellung macht.

Wir sollten niemals unterschätzen, wie sehr uns andere Menschen mit ihrer Energie aussaugen können. Und wie wichtig es ist, dass wir uns davor schützen. Mag sein, dass dein Umfeld von deinem Verhalten erst mal irritiert sein wird. Doch nicht vergessen, an erster Stelle stehst immer du, und je klarer du mit deiner Haltung bist, desto besser wird dein Umfeld Veränderungen akzeptieren.

Ich habe mich auch über die letzten Jahre verändert; früher wollte ich immer und überall dabei sein und mitreden. Klar hat man auch getratscht, und gemeinsam über andere reden stiftet eben auch eine Form von Zugehörigkeit. Doch ich merkte mehr und mehr, dass mir diese Art von Gesprächen nicht mehr zusagte und dass es einen gewaltigen Unterschied gibt: dazwischen, sich mit einer oder zwei engen Freundinnen auszutauschen und auch mal Dampf abzulassen, oder eben in einer Gruppe von Freunden, Bekannten oder Kollegen über alles und jeden herzuziehen, einfach nur um ein Gesprächsthema zu haben und sich gemeinsam zu amüsieren.

Aus solchen Runden bin ich lieber ausgestiegen, sicher manchmal auch auf die Gefahr hin, dadurch selbst in den Fokus zu geraten. Vielleicht wurde ich als Spaßbremse bezeichnet oder es hieß gerne auch mal »Susan, jetzt übertreib mal nicht mit deiner rosaroten Gutmensch-Weltanschauung«. Doch meine Erfahrung hat mir gezeigt, dass Ehrlichkeit und authentisches Verhalten am längsten währen, und auch du wirst sehr schnell merken, wie gut es dir tut. Es ist deine Lebenszeit, und je älter wir werden, desto mehr lernen wir, sie wirklich zu schätzen. Manchmal sag ich mir: »Ich bin schon zu alt, um mich mit Menschen und Themen zu befassen, die mir nicht guttun.« Und das sage ich, obwohl ich mich immer noch wie 21 fühle, doch eben mit dem Geist einer 42-Jährigen. Tschakka!

DIE DREI SIEBE DES SOKRATES

Eines Tages kam ein Mann zum weisen Sokrates gelaufen und sagte: »Hey, Sokrates, ich muss dir etwas erzählen!«

»Einen Moment«, unterbrach ihn der Weise, »hast du das, was du mir sagen willst, durch die drei Siebe gesiebt?«

»Drei Siebe?«, fragte der Mann voller Verwunderung.

»Ja, guter Freund! Lass uns sehen, ob das, was du mir sagen willst, durch die drei Siebe hindurchgeht: Das erste Sieb ist die Wahrheit. Hast du das, was du mir erzählen willst, geprüft? Bist du dir sicher, dass es wahr ist?«

»Nein, ich habe es erzählt bekommen …«

»Na gut. Aber sicher hast du es mit dem zweiten Sieb geprüft. Das zweite Sieb ist das der Güte. Wenn es nicht sicher wahr ist, was du mir erzählen möchtest, ist es wenigstens gut?«

Zögernd sagte der andere Mann: »Nein, ganz im Gegenteil …«

»Dann«, unterbrach ihn der Weise, »lass uns auch noch das dritte Sieb anwenden. Ist es wichtig und notwendig, es mir zu erzählen, was dich so aufregt?«

»Notwendig nun gerade nicht … und wichtig auch nicht.«

»Also«, lächelte Sokrates, »wenn das, was du mir erzählen willst, weder wahr noch gut noch notwendig oder wichtig ist, so lass es lieber sein und belaste dich und mich nicht damit.«

Ich liebe diese Geschichte. Und sie eignet sich auch ganz wunderbar, um unsere Kids mit diesem wichtigen Thema vertraut zu machen. Mittlerweile ist sie bei uns zu Hause ein echter Dauerbrenner. Mein kleiner Sohn ist ein richtiger Geschichtenerzähler, das hat natürlich seine guten Seiten und fördert die Kreativität.

Doch häufig sind eben auch Geschichten dabei, die ihm jemand in der Schule erzählt hat, und er erzählt sie weiter. Wir machen dann immer den Check der drei Siebe und danach entscheiden wir gemeinsam, ob die Geschichte noch weiter in die Welt sollte.

DIE MACHT DES UMFELDS

Wusstest du, dass unser Umfeld, in dem wir uns täglich bewegen, einen unfassbar großen Einfluss auf uns hat? Nicht umsonst machen wir uns als Eltern häufig Gedanken darüber, ob der Freundeskreis unserer Kinder einen guten Einfluss auf sie hat. Letztlich ist die Lage bei uns selbst nicht anders. Wir glauben nur, dass wir ja nun erwachsen sind und eben deshalb nicht mehr so leicht zu beeinflussen wären. Pustekuchen. Wir spiegeln weiterhin unser Umfeld, weil wir es so gelernt haben – auf diese Weise haben wir als Baby laufen, sprechen, essen gelernt.

Nur weil wir heute einen funktionierenden Verstand besitzen, heißt es nicht, dass unser Unterbewusstsein faul auf der Haut liegt. Nein, es schaut immer noch nach links und rechts. Und wenn die Mehrheit dort eben gerne meckert, sich schlecht ernährt, eher unambitioniert ist oder eine seltsame Weltanschauung vertritt, ist es nicht unwahrscheinlich, dass du da ganz unbewusst mitziehst.

Übung: Wer bringt meine Welt zum Strahlen?

Nimm ein Blatt Papier und mal eine große Sonne in die Mitte. Drum herum, also zwischen die Strahlen,

schreibst du die Namen aller Menschen, die in deinem Umfeld sind: deine Freunde, deine Familie, deine Kollegen, deine Nachbarn, deine Bekannten und so weiter. Die Menschen, die dir kein gutes Gefühl geben, ein leichtes Unbehagen in dir auslösen, deine Energie rauben – kurz: die Miesepeter –, kreist du mit Rot ein.
Die Menschen, die dir besonders guttun, dir Energie schenken oder dich inspirieren, die aus dir das Beste herausholen, kreist du gelb ein.
Nun schau dir dein Bild an. Vielleicht kannst du verschiedene Arten von Umfeld mit unterschiedlichen Dynamiken erkennen. Vielleicht wird dir klarer, an wen du deine Energie anpasst. Das passiert nämlich ganz automatisch und meist völlig unbewusst.

Ich habe keine Zeit, Menschen zu hassen, die mich nerven, ich bin zu sehr damit beschäftigt, Menschen zu lieben, die mich inspirieren.

Nun kannst du eine neue, klare Entscheidung für dich treffen. Die roten Menschen solltest du künftig (wenn möglich) meiden oder den Kontakt auf ein Minimum reduzieren. Ich weiß, bei Familienmitgliedern und Menschen im engsten Freundeskreis ist das sehr schwierig, aber möglich. Sollte es rote Menschen geben, die dir besonders am Herzen liegen, spricht na-

türlich nichts dagegen, zu versuchen, deinen Einfluss wirken zu lassen. Das bedeutet aber auch, sie ehrlich zu konfrontieren. Sprich an, was dich stört, ohne Vorwurf, sondern mit Empathie. Sag ihnen, dass ihr Verhalten dich belastet, weil du sie liebst. Das ist eine ganz andere Ausgangslage als ein blanker Vorwurf.

Den gelben Menschen solltest du die meiste Zeit schenken. Such ihre Nähe, nimm bewusst wahr, wie sehr die gemeinsame Zeit euch beiden guttut. Häufig finden wir auch über diese Menschen noch mehr gelbe Menschen, die in dein Umfeld passen. Menschen, die deine Gedanken teilen und mit dir den Weg nach oben gehen, anstatt ständig den Blick zurück oder nach unten zu richten.

DEN SPIESS EINFACH UMDREHEN

Sollten sich in deinem Umfeld viele rote Menschen tummeln, wird es Zeit, dein Licht noch heller strahlen zu lassen. Dann können zwei Dinge passieren: Entweder du inspirierst deinen Mikrokosmos und die anderen lassen sich von dir anstecken oder du verbreitest so gute Laune, dass die Miesepeter von selbst keine Lust haben, Zeit mit dir zu verbringen.

Funktioniert super, und anstatt in einen Konflikt zu gehen und sich von den negativen Vibes anstecken zu lassen, drehst du die ganze Sache einfach um. So gewinnst du das Spiel mit Freude und Leichtigkeit. *Schachmatt*!

Manchmal ist es auch total spannend zu beobachten, dass einige Menschen es scheinbar wirklich lieben zu leiden. Tagein, tagaus wird sich nur beklagt, über das Wetter, die Politik, unsere Gesellschaft oder den Chef. Und sobald mehrere zusammenstehen, wird es fast schon ein Battle, wer denn nun die schlimmste Arschkarte des Tages gezogen hat. Manchmal muss ich innerlich fast schmunzeln, weil diese Menschen mir das Gefühl geben, ich solle ihnen bloß nicht ihr Problem nehmen.

Geh' mir weg mit deiner Lösung
Sie wär' der Tod für mein Problem
Jetzt lass' mich weiter drüber reden
Es ist schließlich mein Problem
Und nicht dein Problem.

Zeilen aus dem Song »Die Lösung« von Annett Louisan, sehr gut auf den Punkt gebracht.

Und wahrscheinlich ist es genau so. Bevor du deine wertvolle Energie damit verschwendest, Menschen zu helfen, die gar keine Hilfe haben wollen, such lieber das Weite.

#Challenge: Räum bei Social Media auf

Entfolge bei Social Media allen Menschen, die dir kein gutes Gefühl geben.

GLÜCKSMAGNETEN

Kreiere dir selbst dein Umfeld, das dich und andere im Leben weiterbringt, und lass es vor allem ein Umfeld voller Freude sein. Dazu kannst du in Zukunft versuchen, die Themen zu lenken. Wenn du das Gefühl hast, es wird wieder nur gemeckert, sag ganz klar, dass du für diese Art von Gespräch nicht zu haben bist. Oder mach es subtiler, wechsel das Thema und schmeiß ein paar coole Fragen in die Runde: »Auf was freust du dich heute am meisten? Wo siehst du dich in fünf Jahren? Welchen Ort möchtest du am liebsten bereisen? Welche schlechte Erfahrung im letzten Jahr hat dir am meisten zu schaffen gemacht? Was konntest du daraus lernen?«

Wenn du das Gefühl hast, dein engstes Umfeld ist für diese Art von Gespräch nicht offen, gib ihnen ein wenig Zeit und versuch es zu einem späteren Zeitpunkt einfach noch einmal. Manchmal klappt es auch besser im Gespräch unter vier Augen. Veränderung ist immer schwer, und in der Gruppe sind für die Betroffenen noch mehr Hürden zu nehmen. Doch bleib für dich an deinen Themen dran. Es gibt viele Orte, an denen du genau die Menschen findest, die deine Gedanken teilen und ebenfalls darauf warten, gemeinsam mit anderen zu wachsen.

Wo können diese Orte sein?

Im Internet gibt es Facebook-Gruppen, Instagram-Seiten mit inspirierenden Menschen, dort findest du auch Seminare zu ganz unterschiedlichen Themen: Ernährung, Klima, Finanzen, Yoga, Sport, Spiritualität … Und das macht richtig Spaß – ein Wochenende nur mit Leuten zu verbringen, die genau wie du richtig Bock auf persönliche Weiterentwicklung haben. Natürlich findest du auch in Büchern wie diesem hier viele Ideen und Empfehlungen.

Wir sind Diamanten und brauchen andere Diamanten, damit wir uns gegenseitig schleifen. Anfangs erfordert das meiste davon einen kleinen Schritt aus der Komfortzone, da es eben mit Veränderung und einem neuen Umfeld zu tun hat. Und ich weiß genau, dass erst mal Zweifel laut werden, doch wir sind uns ja über unser Gedankenkarussell bewusst – du kannst immer aussteigen!

Es ist wie das erste Mal ins Fitnessstudio zu gehen und bis zu dem Tag nie Sport gemacht zu haben. Natürlich spricht alles dagegen. »So wie ich aussehe, kann ich mich da doch nicht blicken lassen«, »Was, wenn ich nicht mithalten kann?«, »Ich bleibe lieber bei den anderen Unsportlichen, da fühle ich mich sicher«. Doch verändern wirst du auf diese Weise nichts!

Umgib dich mit den Menschen, zu denen du gehören möchtest. Das Wichtigste ist nur, mit welchem Mindset du dort bist. Vergleich dich nicht, sondern frag dich lieber: »Was kann ich von ihnen lernen?« Lass dich von ihrer Energie anstecken. Alles, was du meinst, dass sie über dich denken könnten, sind in Wahrheit deine eigenen Gedanken über dich selbst.

DIE PARTY

Ich habe in dem Buch *Kompass für die Seele* von Jack Canfield eine echt coole Geschichte gelesen, die er selbst erlebt hat. Seitdem denke ich darüber nach, ebenfalls eine solche Party zu schmeißen. Ich liebe nämlich Mottopartys, aber von so einem Motto hatte ich bisher noch nie gehört: Alle Gäste sollten als der Mensch kommen, der sie in fünf Jahren sein wollten, beruflich oder privat. Sie sollten sich entsprechend anziehen und falls möglich Beweise dazu mitbringen. Wie könnte das aussehen?

Um die Fantasie anzuregen, stellen wir uns mal ein paar Beispiele für dich vor: Du möchtest Autorin werden, die bereits drei Bestseller geschrieben hat, deshalb bringst du deine Werke mit, die du aus alten Büchern ein wenig präpariert hast. Oder du bist in die Politik gegangen und dein Gesetzentwurf für eine positive Veränderung auf der Welt ist bereits durchgegangen, den Beleg hast du dabei. Du hast etwas erfunden und bringst die Erfindung oder die Zeichnung dazu mit. Du bist Spitzenköchin, kommst in deiner Kochkleidung und bringst deine raffinierteste Speisekarte mit. Du bist einen Marathon gelaufen und kommst in Sportmontur mit Urkunde. Du hast einen Hit geschrieben, der in den Charts auf Platz 1 gelandet ist. Du hast einen Kinderwagen dabei, weil du Mama geworden bist, du trägst Ehering und Hochzeitskleid. Du kommst in Strandklamotten, weil du bereits auf Hawaii lebst. Du hast einen Koffer voller Geld dabei, weil du Millionär bist und allen ein wenig abgibst …

Wahrscheinlich könnte ich noch seitenweise Ideen aufschreiben. Der Fantasie sind keine Grenze gesetzt. Wichtig ist, dass du den ganzen Abend in deiner Rolle bleibst. Du sprichst so, als wäre alles real, und erzählst von deinem großartigen, glücklichen Leben. Alle spielen mit und feiern gegenseitig ihren Erfolg. Was glaubst du, was so ein Abend mit deinem Unterbewusstsein anstellt?

Die Leute in deinem Umfeld müssen deine Sichtweisen nicht teilen, sie müssen auch deine Träume nicht verstehen. Doch du selbst solltest dich so sehr lieben und schätzen, dass du darauf achtest, die Luft, die du atmest, nicht mit der schlechten Energie von anderen zu verpesten.

Suche und finde die gelben Menschen – deine persönliche Partygesellschaft.

#LieblingstagCheckliste

- Deine Lebenszeit – deine Entscheidung
- Unterschätz niemals die Energie deines Umfelds.
- Verbring mehr Zeit mit Menschen, die dein Leben zum Leuchten bringen.

Die Antwort ist immer in dir!

Hast du das Gefühl, dass du dein Umfeld inspirierst, oder ist es eher andersherum?

____

____

____

____

____

In welchen Lebensbereichen könntest du dich ab jetzt besser schützen, indem du bewusst entscheidest, mit wem und wie du deine Zeit verbringst?

____

____

____

____

____

Deep Talk

Und wenn du nicht gelebt hast, dann stirbst du schon heute

Warum dieses Kapitel der Schlüssel zu allem ist

Stell dir mal vor, das Leben wäre endlich …

»Oh neeee, bitte nicht so ein ernstes Thema, hatte mich gefreut, dass es hier bei dir um Leichtigkeit und Freude geht. Wir reden doch jetzt nicht über den Tod, oder???« – Vielleicht deine Gedanken?

Nein. Keine Sorge, also zumindest nicht direkt. Doch falls du auch nur ansatzweise so bist wie ich, und damit meine ich, dass du sehr gerne Gefühle wie Angst oder Traurigkeit aus deinem Leben ausklammerst, lege ich dir ans Herz, jetzt trotzdem weiterzulesen. Es ist nämlich so: Über diese kleine Schwelle führt der direkte Weg zur Leichtigkeit und Freude. Versprochen!

Ist dir schon mal aufgefallen, dass die meisten Menschen warten? Sie warten darauf, dass ihr Leben beginnt. Also das »richtige Leben«, das mit den coolen Sachen, der Action, der Liebe, der Leichtigkeit, der Freude. Sie warten. Und warten. Und warten. Und mit einem Mal … ist das Leben vorbei.

Zwischendurch fällt es ihnen vielleicht auf, die Stimme des Herzens fragt leise: »Worauf wartest du?« Doch der Alltag ist schneller, alles andere scheint wichtiger. Das hat doch noch Zeit. »Erst die Arbeit, dann das Vergnügen.«

Ist das die Wahrheit?

Du schaust dich um und ja, da gibt es Menschen, die sehen glücklicher aus. Die erleben so viel, die haben es wohl leichter gehabt.

Ist das die Wahrheit?

Du stehst mitten im Leben und denkst: »Jetzt fang ich doch nicht noch mal von vorne an. Der Zug für mich ist abgefahren.«

Ist das die Wahrheit?

Funfact: Die Zeit von deinem ersten bis zum 40. Geburtstag ist genauso lang wie von deinem 40. bis zu deinem 80. Geburtstag. Also, wofür genau ist es zu spät?

Was ich immer wieder sehr spannend finde, ist die Aussage von Menschen, die behaupten, dass nur Personen, die es objektiv leichter haben, Dinge verändern können. Im Sinne von: »Wenn ich jetzt 'ne Million überhätte, dann würde ich auch auf Bali Yogalehrerin sein …«

> Wir haben zwei Leben. Das zweite beginnt in dem Moment, in dem wir erkennen, dass wir nur eines haben.
>
> KONFUZIUS

Wenn wir uns aber wirklich umschauen, sind es genau die anderen, die ihren Träumen folgen. Ich glaube, es ist kein Gerücht mehr, dass Geld allein nicht glücklich macht. Natürlich ist es hilfreich, keine Frage. Doch letztlich ist Geld nur Energie. Welche Ziele funktionieren tatsächlich nur mit einem großen Startkapital?

Oder verstecken wir uns vielmehr hinter einer solchen Aussage? Sind die ersten Schritte in die richtige Richtung vielleicht doch möglich?

Dein Mindset gegenüber Geld ist auch wahnsinnig wichtig. Wenn du an Geld denkst, fühlt es sich leicht oder schwer in deinem Körper an? Viele sagen, dass es sich schwer anfühlt, verbunden mit Druck und Angst. Denn entweder geht es in die Richtung von: »Nie ist genug Geld da, Geld ist die Mutter all meiner Probleme, Geld bleibt nie bei mir« oder in die Richtung von: »Wie schaffe ich es, meinen Reichtum zu halten?« Nicht umsonst heißt es: »Alles, was wir besitzen, besitzt letztlich uns.«

Ich finde, Geld sollte genau wie Energie fließen.

Und natürlich kann ein Neubeginn auch bedeuten, eine Weile weniger zu haben. Vielen ist dieser Preis zu hoch. Hinzu kommen die Angst und die Unsicherheit, wie lange dieser Zustand andauern könnte. Aber kurze Gegenfrage: Wie hoch ist der Preis, wenn du auf unbegrenzte Zeit ein unerfülltes Leben lebst?

Du bist doch sicher schon ein Dutzend Mal irgendwo auf folgende Frage gestoßen: Stell dir vor, du hättest nur noch ein Jahr zu leben. Was an deinem Leben würdest du verändern?
Mit dieser Frage endet mein Buch *Rosarotes Glück*.

Und auch hier möchte ich dir noch einmal die Möglichkeit geben, darüber nachzudenken.

Ich weiß, das ist sehr schwer. Oft sträubt sich alles in uns dagegen. Und das ist auch absolut nachvollziehbar. Wir möchten dieses Thema soooo weit wie möglich von uns wegschieben. Die Tatsache, dass da doch eine Uhr ticktack macht und gegen uns läuft, macht dir Angst.

Aber warte! Vielleicht ist genau hier ein Perspektivwechsel nötig. Was ist, wenn diese Uhr gar nicht gegen uns läuft, sondern für uns? Was ist, wenn genau das Annehmen dieser einen Tatsache der Weg zur Leichtigkeit und Freude ist?

Durch verschiedene Organisationen wie die DKMS (Deutsche Knochenmarkspenderdatei), für die ich mich engagiere, kenne ich einige Geschichten von Menschen, die durch eine Diagnose quasi gezwungen wurden, ihr Leben auf den Kopf zu stellen. Und Krankheiten fragen nicht, sie klopfen nicht vorher an und checken ab, ob genug zeitliche und finanzielle Kapazitäten da sind, um die Herausforderung zu meistern.

Es ist der pure Fakt der Endlichkeit, der uns dann die Entscheidung abnimmt. Die Entscheidung, wohin in Zukunft meine Energie fließen soll; die Entscheidung darüber, ob ich wirklich den wichtigen Dingen meine Aufmerksamkeit schenke; die Entscheidung, keinen Tag mehr damit zu warten!

MUTMACH-GESCHICHTE EINER STARKEN FRAU

Es war die Yes!Con, ein Event, das sich rund um das Thema Krebs dreht. Verschiedene Interview-Panels mit Betroffenen, Ärzten und mehr. Ich als Moderatorin mittendrin. Als mir meine Themen mitgeteilt wurden, durch die ich an dem Tag führen sollte, hielt ich kurz den Atem an, denn ein Thema davon lautete »Diagnose: unheilbar krank«.

Ja, ich hatte Angst. Was ist, wenn ich weinen muss? Welche Geschichten werde ich hören? Und dann sah ich sie, meinen Gast Patricia. Mein erster Eindruck: eine italienische Version von Daniela Katzenberger – herzlich, sympathisch, aufgeweckt, bunt und schrill, allerdings mit der Diagnose unheilbar krank. Patricia teilt ihr Leben auf Instagram, viele feiern sie und ihren Mut. Es gibt wie immer auch kritische Stimmen, doch das ist ihr egal – wie so vieles, das durch ein solches Schicksal in ein neues Licht gerückt wird.

Seit diesem Tag sind wir in Kontakt geblieben und beim Schreiben dieses Kapitels ist mir Patricia sofort in den Sinn gekommen. Ich rief sie an und sagte ihr, dass ich gerne ein wenig von ihr erzählen würde. Sie ist eben ein Beispiel für genau diese Menschen, die aufgrund einer schockierenden Diagnose eine Entscheidung treffen müssen: »*Wie* möchte ich meine kostbare Zeit verbringen?«

Als sie die Diagnose erhielt, war Patricia 32 Jahre jung, hatte einen siebenjährigen Sohn, war glücklich verheiratet und fotografierte für ihr Leben gern. Alles hatte noch Zeit, vieles wurde ständig aufgeschoben: »Irgendwann machen wir das mal … diese Reise …, große Pläne …« Doch dann kam der Tag, der alles veränderte. Krebs. Metastasen, unheilbar krank, zwei bis fünf Jahre sollten ihr bleiben …

Patricia liebt das Leben und Aufgeben war und ist für sie keine Option. Im Gegenteil.

Heute, sieben Jahre später, feiert sie jeden einzelnen Tag. Sie sagt, jeder Morgen sei wie ein Sechser im Lotto: »Danke, liebes Leben – was darf ich heute erleben?« Sie war schon immer ein positiver Mensch, doch heute, sagt sie, lebe sie viel bewusster: »Ich ärgere mich nicht mehr über Kleinkram. Ein verspäteter Bus gibt mir die Chance, den schönen Himmel noch einen Moment länger zu betrachten. Früher habe ich mich abends gerne zurechtgemacht und heute sage ich: ›Warum mit dem Abend-Make-up auf den Abend warten, ich brauche keinen Anlass für meine

STELL DIR VOR, DU HÄTTEST NUR NOCH EIN JAHR ZU LEBEN. WAS AN DEINEM LEBEN *würdest du verändern?* WAS STEHT AUF DEINER LISTE AN DINGEN, DIE DU UNBEDINGT TUN ODER ERLEBEN MÖCHTEST? WARUM SCHIEBST DU SIE AUF?

schönsten Kleider – das Leben ist jetzt!‹ Natürlich habe ich auch schlechte Tage, eine Therapie jagt die nächste, die vielen Operationen kann ich schon gar nicht mehr zählen.«

Manchmal sind genau die Dinge, die wir nicht ändern können, genau die Dinge, die uns ändern.

Auf meine Frage, wie sie sich aus den emotionalen Tiefs, der Angst, Wut oder Ohnmacht wieder rausholt, antwortet sie: »Erst mal weine ich. Manchmal schreie ich. Dann rede ich. Und zwar über alles, was mir auf der Seele liegt. Wenn niemand zum Reden da ist, schreibe ich alles auf. Es muss keinen Sinn ergeben und im Anschluss kann ich das Papier auch wegschmeißen. Doch so werfe ich meinen Ballast ab. Ich kann alles rauslassen und mich entladen, meine Seele darf alles dalassen. Und dann ist wieder Platz für neue Gefühle, für meine Dankbarkeit, meine Freude und Leichtigkeit.« In der Klinik wird sie das Wundermädchen genannt. Ihre positive Einstellung und das klare Ja zum Leben haben Einfluss auf ihren Krankheitsverlauf, zumindest glaubt sie fest daran. Doch in jedem Fall hat es einen enormen Einfluss auf ihren Weg und ihr »Hier und Jetzt«, auf die Qualität ihrer Zeit. Soweit es möglich ist, wird in ihrer Familie nichts mehr verschoben. Die Prioritäten haben sich eben verschoben.

Bei Instagram zaubern mir ihre Beiträge immer ein Lächeln ins Gesicht. Ob sie mit ihrer lustigen italienischen Familie zusammen kocht, mit ihren herzlichen Freundinnen etwas unternimmt oder in der Klinik bei einer Therapie sitzt und es zwischen Tiefpunkten, Hoffen und Bangen immer noch schafft, ein wenig Licht und Hoffnung zu verbreiten, und damit sich selbst und den anderen Patienten Mut macht – Patricia, du bist eine Inspiration. Als ich dich am Ende unseres Gesprächs fragte, was du meinen Leserinnen gerne mitgeben möchtest, sagtest du, dass du sie am liebsten in deinen Heißluftballon einladen möchtest. Denn deine wertvolle Erfahrung lautet: »Je mehr Ballast wir bereit sind loszulassen, desto höher können wir fliegen.«

Danke, liebe Patricia!

»5 DINGE, DIE STERBENDE AM MEISTEN BEREUEN«

So lautet der Titel des Buchs der australischen Autorin Bronnie Ware, die darin ihre Erfahrungen schildert, wie sie todkranke Menschen pflegt. Es wurde ein Bestseller, der in 27 Sprachen übersetzt wurde. Das Buch ist sehr beeindruckend, und wenn wir beherzigen, was Sterbende bereuen, haben wir einen Schlüssel in der Hand, um in unser eigenes Leben mehr Lebendigkeit einzuladen. Hier ist ein kleiner Abriss von Bronnies Einsichten.

- »Ich wünschte, ich hätte den Mut gehabt, mir selbst treu zu bleiben, statt so zu leben, wie es andere von mir erwarteten.« Diese Worte, schreibt Bronnie Ware, habe sie am häufigsten von den Sterbenden gehört: »Sie bedauerten, sich bei der Gestaltung ihres Lebens nicht selbst treu gewesen zu sein.« Die Erkenntnis, nicht sein eigenes Leben geführt zu haben, habe am Lebensende jeweils die größte Enttäuschung ausgelöst.

- »Ich wünschte, ich hätte nicht so viel gearbeitet.« Die Arbeit ist uns enorm wichtig. Wir identifizieren uns mit der Arbeit, sie verschafft uns Ansehen und gibt uns eine Stellung in der Gesellschaft. Wenn wir eine neue Bekanntschaft machen, betrifft eine der ersten Fragen die berufliche Tätigkeit. Dies bestätigen auch Zahlen des Bundesamtes für Statistik. Doch abgesehen von der Selbsterfüllung nehmen viele die Arbeit nur in Kauf, um ihr eigentliches Leben in der sogenannten Freizeit leben zu können. Es blieb der Gedanke »Wie hätte ich mehr Freude in meine Arbeit einladen können?« oder die Frage »Wann ist genug?«.
- »Ich wünschte, ich hätte den Mut gehabt, meinen Gefühlen Ausdruck zu verleihen.« Viele der heute über 80-Jährigen sprechen wenig über Persönliches oder über ihre Gefühle. Sie haben gelernt, sie zu verbergen. Man schwieg, wenn man verletzt war, und auch Stolz, Freude oder Zuneigung zeigte man nicht nach außen. Viele der Sterbenden, die Bronnie Ware begleitete, hatten vor allem um der Harmonie willen ihre Gefühle nicht geäußert.
- »Ich wünschte, ich wäre mit meinen Freunden in Kontakt geblieben.« Die Freundschaft ist für die meisten Menschen ein wichtiges Thema. Einen »besten Freund« oder eine »beste Freundin« wollen nicht nur Kinder haben, Freundschaften bereichern auch das Leben der Erwachsenen. Sehnt sich nicht jeder nach einem Freund, der einen wirklich kennt und dem man sich anvertrauen kann? Doch Freundschaften über lange Zeit aufrechtzuerhalten, ist oft schwierig: Man ist beruflich ausgelastet, zieht an einen anderen Ort, gründet eine Familie und verliert den Kontakt zueinander.

- »Ich wünschte, ich hätte mir erlaubt, glücklicher zu sein.« Wir leben in einer Leistungs- und Konsumgesellschaft, die Arbeit ist uns wichtig, die Freizeit auch. Wir konzentrieren uns oft auf Ziele, die wir noch erreichen wollen, arbeiten auf diese Ziele hin. Viele Patientinnen und Patienten, erzählt Bronnie Ware, waren in ihrem Leben »ergebnisorientiert«, wie es eine ihrer Patientinnen nannte. Sie machten ihr Glück vom Ergebnis abhängig. Sie vergaßen, dass sie auch glücklich sein dürfen, ohne es sich verdienen zu müssen. »Sie vernachlässigten den gegenwärtigen Moment« und erlaubten sich nicht, sich zu freuen, auch ohne eine Leistung vollbracht zu haben, schreibt Bronnie Ware.

Ich weiß, dass diese Auszüge aus Bronnies Buch sehr emotional sind und uns mit einem drückenden Gefühl auf dem Herzen zurücklassen – dem Gefühl von »Es ist zu spät« und einem großen Mitgefühl für diese Menschen.

Am Ende bereuen wir immer nur die Dinge, die wir nicht getan haben.

Die gute Nachricht ist, dass in dieser Traurigkeit ein Schatz begraben liegt. Der Schatz, dass du mitten im Leben stehst, wahrscheinlich gesund bist und heute jetzt und hier Entscheidungen für dich treffen darfst.

Endlichkeit macht mich persönlich traurig. Bei all diesen Zeilen muss ich die Tränen zurückhalten. Dadurch, dass ich selbst einen viel zu frühen Verlust erlebt habe – den Tod meiner Mama, als ich 16 Jahre alt war –, trage ich eine tief vergrabene Trauer mit mir. Vor allem darüber, dass meine Mama gehen musste, als sie mitten im Leben stand. Die Krankheit hatte doch in diesem jungen Leben nichts verloren! Sie erkrankte mit 36 Jahren und starb mit 46. Ich bin jetzt 42 Jahre jung und stelle mir vor, es blieben mir nur noch vier Jahre. Meine Mama wollte leben, sie wollte lieben und sie wollte lachen. Deshalb ist das genau mein Lebenssinn, jeden Tag.

Man ist nie zu alt, um jung zu sein.

PAPA

All das tat sie auch noch, bis zum Schluss.

Die Qualen, die sie durchleben musste, sind mit keinen Worten zu beschreiben. Und doch blieb mir von ihr ein Satz in Erinnerung: »Das Leben ist schön.«

Das Leben ist schön, wenn du die richtigen Entscheidungen für dich triffst. Zum Beispiel die Entscheidung, ganz bewusst Liebe und Freude in dein Leben einzuladen.

Vielleicht waren diese schweren Jahre meine eigentliche Schule. Meine Schule des Lebens, in der ich gelernt habe, dass Zeit der wahre Reichtum ist. Dass Zeit kostbar ist. Und genau diese investiere ich. In Liebe, Freundschaft, Glücksmomente und in mich.

#LieblingstagCheckliste

- Stell dir vor, die Uhr läuft für und nicht gegen dich.
- Füll deine Tage mit Leben.
- Lebe, liebe, lache!

Die Antwort ist immer in dir!

Schreib eine Bucketlist für das kommende Jahr.
Welche fünf Dinge wirst du nicht länger aufschieben?

Welches Datum ist heute?

Die Frist gilt bis heute in einem Jahr!

Spielzeugtag

Hallo, Leichtigkeit – ich lade dich ein!

Leichtigkeitsverhinderer auf Nimmerwiedersehen

Heute ist ja wieder Spielzeugtag und ich hoffe, du machst es dir richtig schön. Hast du es dir gemütlich gemacht mit deinem Buch? Stell dir vor, du würdest Lieblingsgäste empfangen, vielleicht ein Stückchen Kuchen und leckeren Kaffee bereitstellen, ein paar Kerzen anzünden. Denn der Gast, den du heute empfängst, ist die wichtigste Person in deinem Leben: du selbst.

Heute laden wir die Leichtigkeit in unser Leben ein. Da du ausgerechnet nach diesem Buch gegriffen hast, gehe ich mal davon aus, dass Leichtigkeit beziehungsweise die nicht vorhandene Leichtigkeit in deinem Leben ein Thema ist. Ich verrate dir ein Geheimnis: in meinem Leben auch.

VIER PERSONEN, EINE SITUATION, ZWEI MÖGLICHKEITEN

Kleiner Insider aus meinem Leben: Immer wenn unsere Familie verreist, geht am Anfang irgendetwas schief. Kein Witz. Das geht mittlerweile so lange, wie Jakob und ich uns kennen, sprich seit unserem ersten gemeinsamen Urlaub.

Mittlerweile lachen wir schon, weil es quasi dazugehört und wir fast zweifeln würden, ob alles gut wird, wenn nix passiert – denn danach wartet immer 'ne Spitzenzeit auf uns.

April 1996, es ist 5 Uhr morgens in Hamburg. Jakob und ich sind vor unserer ersten gemeinsamen Reise total aufgeregt. Mein Onkel fährt uns zum Flughafen, da mein Vater bereits im Urlaub ist. Wir kommen an, kaum ein Mensch da. Mit Sonnenbrille auf dem Kopf und bester Laune frage ich bei der Information nach, wo denn der Schalter für den Flug nach Tel Aviv sei. Ratlose Augen schauen uns an, wir werden nach unseren Bordkarten gefragt. Ich gebe sie der Frau und sie antwortet: »Der Flug war gestern.«

Schock!!!! Lange Rede, kurzer Sinn, wir haben die Sache irgendwie gelöst und sind mit neuen Tickets am nächsten Tag geflogen. Das ging noch mal gut, bis auf die Nerven und die Kosten, das schlug uns noch sehr auf den Magen.

In den nächsten Jahren folgten: vergessene Pässe, Fahrt zum falschen Flughafen (Berlin hatte ja zwei), maximale Verspätung, Koffer weg, leerer Tank auf dem Weg zum Flughafen …

Zuletzt flogen wir wieder nach Tel Aviv, diesmal zu viert. Der Stand der Coronamaßnahmen führte bloß zu Verwirrung, sprich jeden Tag eine andere Ansage. Wir diesmal schön zeitig, sogar am richtigen Flughafen, und sind dabei, unsere Koffer selbst einzuchecken. Oh nein, Übergepäck! Was bedeutet, dass wir uns doch an der langen Schlange anstellen müssen. Endlich vorne angekommen, heißt es: »PCR-Tests, bitte«. *Shit*! Haben wir nicht.

»Bitte gehen Sie die Treppe runter zum Testzentrum.« Schaffen wir das noch zeitlich? Das Ergebnis soll in 30 Minuten kommen. Okay, wir rennen mit unseren Koffern los. Mein großer Sohn und ich fix und fertig, sterben tausend Tode – während Jakob und mein Kleiner tiefenentspannt sind. Häh???

Wir rennen wieder hoch und bitten die Frau am Schalter, unsere Koffer einzuchecken, meine Blicke schielen bloß auf die

Riesenschlange bei der Security, bei der wir auch noch durchmüssen. Es ist bereits 7.20 Uhr und der Flieger geht um 8 Uhr. Die Dame antwortet, dass sie das erst machen könne, wenn das Ergebnis da sei. Mir wird schlecht und ich fange aus Verzweiflung an zu weinen. Ich flehe sie an und sage, dass wir doch längst in der Schlange stehen würden, hätten wir kein Übergepäck. Doch so sind nun mal die Regeln. Jakob derweil absolut ruhig und voller Vertrauen. Mein kleiner Sohn ebenfalls, er sagt mir die ganze Zeit: »Alles wird gut. Du sagst doch immer, dass es uns nichts bringt, in Panik zu verfallen.« Bling! E-Mail da, alle sind negativ getestet – Koffer rein – und *rennen*!!!

Folgst du dem schweren Weg
oder dem Weg der Leichtigkeit?
Es ist deine Entscheidung.

Mit ein paar freundlichen Fragen, ob man uns vorlassen könne, kommen wir abgehetzt und klitschnass am Gate an. Ich auf dem Weg die ganze Zeit am Motzen, dass uns sowieso niemand mehr kontrolliert, das ganze Geld umsonst ausgegeben, der blöde schwere Koffer hat uns alles kaputt gemacht, bla, bla, bla. Um 7.45 Uhr dann am Gate: »Boarding Pass und PCR-Tests bitte.« Oooookkkkaayyyy … Der schwere Koffer hat uns am Ende wohl gerettet. Denn wären wir einfach so durchgekommen, wäre spätestens hier am Gate die Kontrolle gewesen und dann hätte es geheißen: »Ciao, Kakao.«

Und, was habe ich aus dieser Geschichte gelernt?

Wir vier haben die gleiche Situation erlebt. Das eine Kind hat sich an Papa orientiert, das andere an Mama. Zwei sind der Angst gefolgt und zwei dem Vertrauen. Ob es jetzt einen Einfluss auf den Ausgang der Geschichte gemacht hat? Wissen wir nicht. Wahrscheinlich nicht. Doch der Weg – den Weg können wir immer beeinflussen. Folgen wir dem schweren Weg oder dem Weg der Leichtigkeit?

Diese Entscheidung liegt allein bei uns.

WER ODER WAS VERHINDERT DEINE LEICHTIGKEIT?

Die meisten von uns haben irgendwelche Muster, die verhindern, dass wir ein Leben voller Leichtigkeit leben. Hast du schon eine Ahnung, welche das bei dir sein könnten?

Meine Top 3 der Leichtigkeitsverhinderer sind:

1. Sorgen

#Funfact: 99 Prozent aller Sorgen treffen nicht ein.

Ich verliere mich manchmal total in Sorgen. Doch mit der Zeit gelingt es mir immer besser zu erkennen, wann ich mich in der Sorgenspirale befinde, und schaffe es immer häufiger, aus dem Gedankenkarussell auszusteigen. Die Erkenntnis, dass ich selbst in der Lage bin sicherzustellen, dass ich mich nicht diesen endlosen Sorgen aussetze, fühlt sich an wie eine Superkraft. Denn wenn du ein Problem erkannt hast, dich aber nur in Sorgen verlierst und nichts zur Lösung des Problems beiträgst, bist du selbst ein Teil des Problems.

Sich zu viele Sorgen machen ist wie Schaukeln. Man ist zwar beschäftigt, kommt aber keinen Schritt weiter.

2. Vergleichen

Wie sagt man so schön: »Vergleiche sind der Untergang des Glücks.« Und genau so ist es, denn wir vergleichen niemals nach unten, sondern immer nur nach oben. Wir vergleichen unser Leben mit vermeintlich glücklicheren Menschen, die einen von außen betrachtet leichteren Alltag haben, oder mit völlig Fremden bei Social Media, die erfolgreicher, schöner, dünner oder reicher sind.

Was wir gerne vergessen: Das Leben der anderen hat null Einfluss auf unser eigenes Leben. Egal wie sie ihr Leben leben, unser Leben bleibt völlig gleich. Außerdem sehen wir auch immer nur die erfolgreiche Seite. Angst und Schmerz bleiben im Verborgenen. Und wir sehen nur die Spitze des Eisbergs, doch was hat besagte Person wohl alles dafür getan, um genau da zu sein, wo sie heute ist? Wärst du bereit, diesen Preis zu zahlen?

Sollte deine Antwort Ja sein, schau mal, ob du das Vergleichen nicht sinnvoll für dich nutzen kannst. Transformier deine negative, neidvolle Energie in positive Inspiration. Schau dir die Situation genauer an. Was davon hättest du auch gerne in deinem Leben? Was kannst du aktiv tun, um deinem Ziel näher zu kommen? Was macht besagte Person anscheinend sehr gut und richtig? Tauch in die Welt mit ein und lieb, was du da siehst.

Der einzige Mensch, mit dem du dich vergleichen solltest, ist der, der du gestern warst.

3. Meckern

Zu früh, zu spät, zu schwer, zu wenig, zu lang, zu kurz, zu kalt, zu warm, zu viel, zu laut, zu voll, zu eng, zu langsam, zu schnell … Es ist, wie es ist, und es ist das, was du daraus machst. Den Moment anzuerkennen, wie er ist, ist ein Garant für Leichtigkeit und Glück. Widerstand ist schwer, Annehmen ist leicht.

Wenn du dich Tag für Tag beschwerst, wie soll es dann leichter werden für dich?

DER WANDERER, DER SCHÄFER UND DAS WETTER

Ein Wanderer, der auf einer mehrtägigen Tour unterwegs ist, trifft auf einen Schäfer. Erfreut über die Begegnung fragt er den alten Mann, wie das Wetter in den nächsten Tagen wird. Der Schäfer hält kurz inne und gibt dann zurück: »So, wie ich es gerne habe.«

Erstaunt fragt der Wanderer: »Woher wissen Sie das?«

Der Schäfer lächelt und erwidert: »Im Laufe meines Lebens habe ich erfahren, dass ich nicht immer das bekomme, was ich gern haben würde. Also habe ich gelernt, immer häufiger das zu mögen, was ich bekomme. Und aus dem Grund bin ich davon überzeugt, dass das Wetter so werden wird, wie ich es mag.«

Zuversicht in Sicht

Lieblingstag 16

Das Leben ist das mit den bunten Farben und nicht das mit dem Grau

Warum …? Weil es Spaß macht!

Warum bist du hier?

Also nicht bei dir zu Hause, im Urlaub am Strand, auf der Parkbank, im Wartezimmer, auf deinem Balkon oder wo auch immer du gerade mein Buch liest.

Ich meine: *Warum bist du hier?* Hier auf der Welt.

Natürlich lautet die Antwort, weil deine Eltern irgendwann mal Sex hatten und daraus eben du entstanden bist. 100 Punkte. Darauf will ich aber nicht hinaus.

Wenn wir beide uns darauf einigen können – selbstverständlich ganz ohne spirituellen Schnickschnack –, dass es kein Zufall ist, dass du hier bist, sondern vielmehr Schicksal, gibt es vielleicht einen Grund dafür.

Vielleicht hat sich deine Seele genau dich ausgesucht, um ganz bestimmte Erfahrungen zu machen.

Ich mag die Vorstellung, dass unsere Seelen hier auf der Erde bestimmte Aufgaben haben und immer wieder zurückkehren, um bestimmte Erfahrungen zu machen. (Der Disneyfilm *Soul* beschreibt diese Thematik ganz wundervoll, nur als kleine Herzempfehlung am Rande.) Deshalb haben wir manchmal das Gefühl, es mit einer besonders alten Seele zu tun zu haben. Wie mein Jakob zum Beispiel, er war schon als Teenager so unfassbar weise. Als würde er gewisse Dinge, auf die es ankommt, einfach längst wissen, ganz intuitiv.

Doch wenn du an all das nicht glaubst und gerade denkst: »Oh Mann, doch wieder so ein Eso-Gequatsche«, müssen wir da auch gar nicht weiter in die Tiefe gehen. Gut, bleiben wir eben ganz rational und bodenständig. Lassen wir eventuelle frühere Leben weg und gehen wir davon aus, dass es kein Schicksal oder keine Vorbestimmung gibt. Sagen wir einfach, du bist rein zufällig hier auf der Welt. Genauso zufällig sind die Zeit und auch der Ort, an dem du geboren wurdest. Ebenso dein Umfeld.

Der Fakt, auf den wir zwei uns aber sicher einigen können:

Du bist am Leben!

Darauf ein großes »hipp, hipp, hurra«!

Denn genau hier können wir ansetzen.

Mag sein, dass bis hierhin nicht alles so dufte gelaufen ist. Mag sein, dass du dich schon oft gefragt hast, wo bei all dem denn bitte der Sinn ist. Mag sein, dass du bis heute gewartet hast, dass endlich jemand in dein Leben tritt, der die Antwort auf all diese Fragen hat.

Ich greif schon mal vorweg, ich bin nicht diese Person.

Schaaaaadeeeeee …

Denn – Überraschung – du bist diese Person!

Alle Antworten, die du suchst, sind in dir. Es geht lediglich darum, die richtigen Fragen zu stellen, die dir dann zur richtigen Zeit deine Antworten geben.

Die – ich gebe zu – nicht ganz leichte Frage »Warum bist du hier?« kann in ganz unterschiedlichen Lebensabschnitten komplett unterschiedliche Reaktionen in dir auslösen.

Vor etwa zehn Jahren hat mich diese Frage sicher schon mal

beschäftigt, vielleicht hab ich sie mal mehr, mal weniger beachtet. Doch erst als ich vor etwa zwei Jahren zum ersten Mal *Das Café am Rande der Welt* von John Strelecky gelesen habe, war es wohl für mich der richtige Zeitpunkt, mich intensiv mit dieser Frage auseinanderzusetzen. Dabei hatte ich ein ganzes Buch lang Herzzeit mit mir selbst, es war quasi der Startschuss.

Die Frage wurde zu einem stillen Begleiter, und als es etwa ein Jahr später in meiner Coachingausbildung um das Thema Selbstwert ging, brachte mich dies ihr noch ein Stückchen näher. Bei dieser Ausbildungseinheit drehte sich alles darum, wie wir uns definieren und vor allem worüber.

Das Leben hat so viel Sinn,
wie wir ihm verleihen.

Ich bin zum Beispiel Susan, Schauspielerin und Moderatorin. Uhhh, jetzt ja auch noch Autorin. Ich bin Mutter, Ehefrau und Tochter. Meist sind die Definitionen mit dem Beruf und dem Lebenskonzept (verheiratet, ledig, Witwe …) abgedeckt.

Doch sind wir nur das? Und was sagen diese Dinge überhaupt über uns aus? Spannend wurde es nämlich in unserer Einheit, als es um die Frage ging: »Wer bin ich noch ohne …?«

Wer bin ich noch ohne meinen Beruf?
Wer bin ich noch ohne meinen Partner?
Wer bin ich noch ohne meine Kinder?
Wer bin ich noch ohne mein Umfeld?
Du kannst die Fragen gerne weiterführen.

LASS
IMMER WIEDER
DIE

*Liebe in
dein Leben*

UND
VERLIEB DICH
JEDEN TAG NEU
IN DAS LEBEN.

Wenn bestimmte Dinge im Leben wegbrechen oder niemals auftauchen, spüren wir häufig eine Leere. Im Grunde sind wir dann nur noch damit beschäftigt, dieses Loch zu füllen, denn wir glauben tatsächlich daran, dass sich die Lücke dann schließt.

Doch wenn wir uns das Wort Selbstwert genauer anschauen, steckt das, worum es eigentlich geht, schon da drin. Es geht um die Werte. Welche Werte machen dich aus? Was ist dir im Leben wirklich wichtig?

Je mehr Klarheit du darüber gewinnst, desto näher kommst du deiner Antwort auf die Frage »Warum bist du hier?«.

Wir sind so viel mehr als unser Beruf oder unser Beziehungsstatus. Ich bin zum Beispiel die Fröhliche, die Unvoreingenommene, die immer Kind Bleibende, die Optimistische, manchmal auch Launische und … ein Kontrollfreak.

Doch wir wollen uns bei der Frage »Wer bist du?« erst mal auf die positiven Eigenschaften und Werte fokussieren.

Denn erkennst du deine persönlichen Stärken und Werte, brauchst du nichts und niemanden, der diesen Platz einnehmen muss. Dann werden die Menschen, die genau deine Werte teilen, ganz automatisch in dein Leben kommen. Da sind wir wieder bei – Vorsicht – Energien und der Kraft der Anziehung.

Und schau dich mal ganz bewusst um. Wie sieht es aktuell bei dir aus? Hast du eher das Gefühl, dein Umfeld teilt so gar nicht deine Werte? Kann es vielleicht sein, dass du selbst noch auf der Suche bist?

Sollte deine Auffassung von dir selbst noch sehr schwammig sein, bist du weiter eine Suchende. Deine innere Ausrichtung erschafft dein äußeres Leben.

Oh je, dieser Satz klingt auch so unglaublich spirituell. Aber lass dich davon nicht abschrecken oder verunsichern. Ganz bodenständig bedeutet es lediglich Folgendes:

Je klarer und bewusster du mit deinen Werten durchs Leben gehst, desto mehr wird dein Fokus auch im Außen genau darauf gerichtet sein; deine Welt wird immer mehr zu einem Spiegel deines Inneren und damit auch zu einem Ort, an dem du gerne sein möchtest. Ein Ort, an dem du dich wohlfühlst, ein Ort, an dem Freude und Leichtigkeit zu Hause sind.

WIR SOLLTEN AUFHÖREN ZU SUCHEN UND ANFANGEN, SELBST ZU ERSCHAFFEN

Ich glaube ganz fest daran, dass der Grund unseres Daseins darin besteht rauszufinden, was dein persönliches Geschenk für die Welt ist – und dann raus mit dir, beschenk alle!

Findest du nicht auch, dass Schenken noch schöner ist, als beschenkt zu werden? Gut, einigen wir uns darauf, dass beides wunderschön ist. Ich hab sogar einige Freunde oder auch meine Schwiegermama, die wahnsinnig gerne Geschenke verschenken oder alle möglichen Dinge für andere tun. Doch dreht sich die Situation mal um, kommen sie damit gar nicht zurecht. Es ist ihnen unangenehm und ständig hört man sie dann sagen: »Das war doch nicht nötig …«

Einmal sagte ich zu einer dieser Freundinnen: »Weißt du was, du bist echt einer der egoistischsten Menschen, die ich kenne.«

Sie schaute mich geschockt an und erwiderte: »Was? Ich? Ich gebe doch allen alles.«

Woraufhin ich sagte: »Und warum verwehrst du dann dieses Gefühl allen anderen?«

Eine gesunde Balance zwischen Geben und Nehmen ist sicher gesund, wie bei allem, ein gutes, gesundes Mittelmaß.

Und dein Geschenk an die Welt ist natürlich kein Geschenk im klassischen Sinne. Es ist vielmehr deine persönliche Gabe, die du der Welt schenkst. Dabei klingt »die Welt« immer so groß, vielmehr meine ich einfach deinen Mikrokosmos. Dein Einfluss auf die Menschen in deinem Umfeld ist dein persönlicher Einfluss auf die Welt.

Ich bin überzeugt, dass mein Geschenk die Leichtigkeit und die Freude ist und ich genau deshalb dieses Buch schreiben muss. Mein Herzenswunsch ist es, dass immer mehr Menschen ihr Leben bunt ausmalen. Dass wir das Leben genießen und diese Freude mit anderen teilen. Und dass wir uns zugleich jeden Tag bewusster darüber werden, dass wir mit nichts kommen und mit nichts aus diesem Leben gehen.

Wir können nichts mitnehmen. Ja, wir können unseren Kindern etwas hinterlassen, damit sie es später gut haben, aber auch hier erlaube ich mir einen Gedanken: Ist es nicht schöner, zu Lebzeiten Glücksmomente zu sammeln, als materielle Dinge anzuhäufen? Häufig ärgere ich mich über meinen Papa, der meine Jungs ständig verwöhnt. Doch dann sehe ich das Strahlen in seinen Augen, und das ist mehr wert als jeder Euro, den er meinen Jungs vererben würde.

Versteh mich bitte nicht falsch, alle meine Intentionen und Ideen sind Dinge, die wir unserem Leben hinzufügen können. Es ist nicht entweder … oder. Entweder Geld oder Heiterkeit. Es ist sowohl … als auch Selbstverständlich gehen wir arbeiten, selbstverständlich, also wenn wir schlau sind, legen wir vielleicht ein paar Euro zur Seite. Selbstverständlich gibt es To-do-Listen und ganz viele »Um zu«-Dinge, die eben gemacht werden müssen.

Das sind übrigens Tätigkeiten, *um* in der Zukunft etwas davon *zu* haben. Es sind Tätigkeiten, die nicht den Moment verschönern, sondern es geht immer um etwas, das noch in der Zukunft liegt.

DAS LEBEN IST SO BUNT, WIE DU DICH TRAUST, ES AUSZUMALEN

Wie viel Zeit verbringst du täglich mit Dingen, die dir wirklich Freude bereiten? Ganz ehrlich.

Schau dir mal deine letzte Woche an. Manchmal blicke ich auf meine Woche und erkenne, dass die meisten Dinge, die ich gemacht habe, »Um zu«-Dinge waren. Doch was habe ich gemacht oder erlebt, das mir in dem Moment Freude bereitet hat?

Und da sind wir wieder beim Thema Aufschieben. So oft versuchen wir, erst mal alles von den »Um zu«-Aufgaben zu erledigen, um dann »irgendwann« das Vergnügen zu erleben. Hmmm, komisch, wo war der Teil mit der Freude und der Leichtigkeit in meiner Woche jetzt gleich noch mal? Ach richtig, der sollte ja im Anschluss kommen.

Und kam er?

Nein. Deshalb sollten wir zwischen all die »Um zu«-Aufgaben, die wir so auf dem Zettel haben, ganz dringend »Weil«-Aufgaben schieben.

Ich hab zwar nur ein paar Minuten, aber jetzt rufe ich endlich meine Freundin an, *weil* mich dieser kurze Moment, in dem ich mit ihr spreche, glücklich macht.

Ich mache heute zehn Minuten Sport – nicht um abzunehmen, sondern *weil* es mir guttut und ich dadurch noch mehr Energie bekomme.

Heute mache ich nichts im Haushalt, *weil* ich erwachsen bin und das verdammt noch mal selbst entscheiden kann.

Es ist Sommer, zwar schon 20 Uhr, die Kids müssten langsam ins Bett, aber wir gehen Eis essen, *weil* es Spaß macht.

Das ist überhaupt die beste Begründung für alles! *Spaß*. Jetzt mal ehrlich: Gibt es eine bessere?

BITTE HINTEN ANSTELLEN!

Ich sag es so, wie es ist: Nein, ich schaffe es definitiv nicht immer, so zu leben. Sehr häufig ist sogar genau das Gegenteil der Fall. Jakob sagt dann immer: »Wenn ich dich beobachte, hab ich immer ein Bild vor Augen. Ich stelle mir eine riesige Warteschlange in deinem Kopf vor und ständig kommt etwas Neues dazu. Und dann sagst du jedes Mal: ›Bitte hinten anstellen‹. Den ganzen Tag siehst du diese lange Schlange, zwar kommen einige dran, aber viel schneller stellen sich neue Kunden hinten an.«

Hach, ich liebe einfach Jakobs Gedanken.

Und er hat so recht. Um meinen vollen Kopf zu entlasten, hat er mir folgenden Tipp gegeben, der mir schon sehr hilft. Ich habe nun immer einen kleinen schönen Kalender dabei. Nicht dieser doofe Handykalender, mit dem ich sowieso noch nie zurechtgekommen bin, sondern so einen richtigen Kalender mit Seiten aus Papier. Ich brauche etwas in meinen Händen. Ich liebe es, alles auf einen Blick zu sehen, und Seiten umzuschlagen gibt mir das Gefühl von mehr Zeit.

Auf der letzten Seite des Kalenders ist meine Liste, quasi die lange Schlange in meinem Kopf, und immer wenn etwas dazukommt, schreibe ich es auf. Manchmal sind es auch nur Gedanken oder Pläne, die noch megaweit in der Zukunft liegen, wie etwas zur Urlaubsplanung oder ein Anruf, den ich noch aufschiebe. All diese Gedanken können belastend sein oder auch zu Sorgen werden, weil dann immer noch Gedanken dazukommen, wie »Was, wenn ich es vergesse?« oder »Wie soll ich das bloß alles in der kurzen Zeit schaffen?«. Alles Gedanken, die Druck auslösen und in meinem Fall gerne auch mal Kopfschmerzen. Aber wenn ich diese Dinge schwarz auf weiß in meinem Kalender stehen sehe, dann entlastet mich das, weil ich es gedanklich nicht ständig festhalten muss.

Wenn die Schlange auch in deinem Kopf oft viel zu lang ist, ist es erst recht höchste Zeit für Spaßpausen. Zum einen lässt sich alles viel besser und leichter organisieren, wenn der Kopf freier ist, und zum anderen darf bei der ganzen Planung doch die Freude nicht fehlen.

Ja, vieles macht keinen Spaß, und genau dann können wir eine Entscheidung treffen. Die Entscheidung, dass unser Leben keine To-do-Liste ist; dass wir nicht nur am Rennen sind, um irgendwann irgendwo anzukommen; dass das meiste, was wir tun, uns Freude bringt, statt dass wir alles schwer und anstrengend finden. Dass wir nicht die meiste Zeit mit Grübeln und Meckern verbringen, sondern die Wunder sehen und uns gegenseitig schöne Dinge sagen; dass wir unsere Entscheidungen nicht in der Angst treffen, es könnten die falschen sein, sondern dass wir darauf vertrauen, neue wertvolle Erfahrungen zu sammeln.

Ganz egal, wo du gerade stehst, schließ einen Moment deine Augen und frag dich: Wie fühlt sich mein Leben gerade an? Fühlt es sich leicht an oder schwer? Es ist völlig okay, wenn deine Antwort »schwer« ist. Das Leben ist nun mal keine Wasserrutsche, auf der wir immer federleicht und voller Glücksgefühle runterrutschen. Doch es ist ein erstrebenswertes Ziel, Wege zu suchen und zu finden, die uns eben genau die schweren Zeiten ein kleines Stückchen erleichtern.

Glennon Doyle sagt in ihrem Meisterwerk *Ungezähmt:* »Wir können schwere Dinge tun.« Dieser Satz wurde für mich zu einem Mantra. Wir können schwere Dinge tun. Es geht eben nicht darum, was wir tun, sondern wie wir es tun. Sprich, wenn wir zwischen all den schweren Dingen, die wir machen müssen, kleine Räume für Dinge lassen, die uns glücklich machen, sind wir in unserer Kraft und fähig, »schwere Dinge zu tun«.

Kommen wir zurück zu unserer Einstiegsfrage:

»Warum bist du hier?«

Wie geht es dir jetzt mit dieser Frage? Ich gebe zu, anfangs hat sie mir etwas Angst gemacht. Doch mit der Zeit wurden mir meine Werte, mein Selbst-Wert, immer bewusster und auch mein Geschenk für die Welt wird von Tag zu Tag klarer.

Heute schenke ich dir einen wertvollen Moment in deinem Leben, den Moment, über diese wichtigen Fragen nachzudenken. Nimm dir die Zeit dafür und schieb die Antwort nicht für ein »Um zu« auf.

Es ist wie mit dem Sinn des Lebens. Viele warten ihr Leben lang darauf, dass sich dieser Sinn irgendwann zeigt. Doch ich glaube, es ist genau andersherum.

Unser Leben hat so viel Sinn, wie wir ihm geben.

#LieblingstagCheckliste

- Du bist so viel mehr als dein Beruf und dein Beziehungsstatus.
- *Weil* statt *um zu*.
- Spaß haben ist die beste Begründung, die es gibt. Für alles!

Die Antwort ist immer in dir!

Warum bist du hier?
Welche Werte stecken in deinem Selbstwert?

____

____

____

Was ist dein Geschenk an die Welt?

____

____

____

Welche *Weil*-Aufgaben kannst du heute noch in deinen Alltag integrieren?

____

____

____

Lieblingstag 17

Ich bin ein Einhorn – wer sagt, dass das nicht geht?

Du erschaffst deine Realität

Bist du ein fantasievoller Mensch? Wusstest du, dass Menschen mit mehr Fantasie auch tendenziell mehr Ziele erreichen? Eigentlich ja auch keine große Überraschung, denn alles beginnt immer mit einem Traum.

Der Unterschied zwischen Menschen, die ihren Zielen näher kommen, und denen, die auf der Stelle bleiben, ist folgender: Die einen träumen bloß weiter und reden nur darüber, was sie alles gerne hätten. Und die anderen gehen in die Umsetzung.

Im Grunde beginnt alles noch einen Schritt früher. Nämlich nur mit deinen Gedanken. Relativ logisch ist auch, dass du mit ziemlich großer Wahrscheinlichkeit nicht der einzige Mensch auf der Welt mit einer Idee bist. Und manchmal siehst du Jahre später plötzlich deine Idee auf dem Markt, vielleicht ist es eine Erfindung, eine Geschäftsidee, ein Drehbuch. In dem Moment fasst du dir an den Kopf und denkst »Was?!?!?! Die gleiche Idee hatte ich schon vor Jahren. Warum bin ich nicht dafür losgegangen?« Ja, warum eigentlich nicht?

Mein erster Gedanke dazu: Du hast es dir nicht zugetraut. Falscher Zeitpunkt, keine Zeit, kein Geld. Ob die andere Person, die es gewagt hat, wohl bessere Voraussetzungen hatte? Wer weiß. Zumindest zeugen viele Biografien von Menschen, die erfolgreich sind, eher vom Gegenteil. Ehrlich gesagt, kenne ich keinen, bei dem die Geschichte in etwa so verlaufen ist:

»Ich erzähle euch meine Geschichte. Es war dieser eine Tag, kein besonderer, die Sonne blinzelte durch die Wolken. Ich saß in meinem schönen Garten, trank einen Aperol Spritz und mit einem Mal hatte ich eine Idee. Diese Idee würde die Welt verändern, ich sah es klar vor meinen Augen. Zum Glück kümmert sich mein Mann um die Kinder und den Haushalt, ich rannte also mal eben zur Bank, um die Million, die ich extra zur Seite gelegt hatte, zu holen, und dann konnte es losgehen. In kürzester Zeit hatte ich meine Idee umgesetzt. Hach, das Leben ist schön! Happy End.«

Zumindest würde diese Geschichte ein echt langweiliges Buch ergeben, oder was meinst du?

Wenn dein Leben ein Buch oder ein Film wäre, welche Geschichte würdest du gerne lesen?

Ich hatte schon immer wahnsinnig viel Fantasie. Als Kind hab ich mir tatsächlich oft vorgestellt, dass mein Leben ein Film wäre und irgendjemand ihn gerade guckt. Ich weiß, etwas spooky, aber vielleicht kennst du das sogar auch? Manchmal hab ich mir Filmmusik vorgestellt, wenn ich durch die Straßen lief. Und als ich etwas älter wurde, so als Teenager, wurden meine Fantasie und auch meine Träume noch größer. Ich hab immer gedacht: »Wieso sollen nur die coolen Filmstars diese ganzen verrückten Dinge oder total kitschige Lovestorys erleben, die muss es doch auch in echt geben?«

Eigentlich fing ich als Kind und als Teenie ganz unbewusst an, zu visionieren und auch zu manifestieren. Denn ich malte mir meine Traumwelt aus und sah mich ganz klar mittendrin. Ich sah mich in einer romantischen, verrückten Beziehung, in meinem Traumjob. Und diese absolute Klarheit verschaffte mir auch eine ganze Menge Mut. Mut, um aus meiner Komfortzone rauszugehen und einfach mal zu machen. Menschen anzusprechen, lustige selbst gemachte Videos aus meinem Kinderzimmer an alle großen TV-Sender zu schicken, mich total verrückt anzuziehen.

Wenn ich mir heute Bilder aus meiner Jugend angucke, denke ich: »Wow, wie krass, so bin ich rumgelaufen?« Gut, es waren die wilden 90er, aber auch da gab es Unterschiede. Sicher gab es auch viele Menschen, die mich belächelt haben, sowohl meine großen Träume als auch mich als Person. Doch das spielte für mich keine Rolle. Und heute als Erwachsene wissen wir natürlich längst, dass es solche Menschen immer geben wird. Menschen, die deinen Weg nicht verstehen, Menschen, die ihre Ängste und eingeschränkte Sichtweisen auf dich projizieren. Doch es geht hier nicht um sie. Es geht um dich.

Wie siehst du dich selbst?

ICH SEHE WAS, WAS DU NICHT SIEHST, UND DAS BIN ICH

Laura Malina Seiler hat in ihrem »I am«-Programm sehr anschaulich gezeigt, was diese beiden Wörter für eine enorme Bedeutung haben: *Ich bin.* Wahrscheinlich hat sogar nichts mehr Einfluss auf dein gesamtes Leben als diese zwei kleinen Wörter. Richtig eingesetzt und bewusst verstanden, werden sie zu deiner Superkraft.

Ich stelle dir den Identity Loop vor (Identitätskreislauf), der macht die ganze Sache sehr klar anschaulich.

EIN OPTIMIST
IST JEMAND,
DER VERSTEHT,
DASS EIN
SCHRITT RÜCKWÄRTS
NACH EINEM
SCHRITT VORWÄRTS
kein Desaster,
SONDERN VIELMEHR
EIN CHA-CHA-CHA
IST.

Nehmen wir zum Beispiel an, es funktioniert bei dir nicht so gut mit Beziehungen. Und auch sonst im Leben hast du das Gefühl, du wirst eher abgelehnt. Deine Umstände bilden deine Identität, und die würde in diesem Fall »Ich bin allein« lauten. Was macht das mit deinem Leben? Der Identity Loop beschreibt folgende fünf Schritte:

1. Identität

Du bist davon überzeugt, dass dieser Satz deine Realität kennzeichnet: »Ich bin allein.«

2. Gedanken

Aufgrund dieser »Realität« laufen in deinem Kopf Gedanken ab wie: »Ich bin nicht gut oder schön genug, ich muss mich immer anstrengen, um gesehen zu werden. Das Leben ist nicht fair, keiner mag/versteht mich.«

3. Gefühle

Diese Gedanken führen dazu, dass du dich einsam, ungeliebt und erschöpft fühlst.

4. Entscheidungen

Wenn du dich so fühlst, triffst du natürlich ganz andere Entscheidungen, als wenn du dich interessant, euphorisch, sicher und gesehen fühlst. Und auch wenn du aus all diesen Gründen eben keine Entscheidung triffst, sondern lieber abwartest, ist auch das eine Entscheidung. Zum Beispiel die Entscheidung, jemanden nicht anzusprechen, oder die Entscheidung, nirgendwo hinzugehen.

5. Erfahrungen

Durch deine Entscheidungen machst du bestimmte Erfahrungen. Und natürlich auch dadurch, dass dein Fokus in eine bestimmte Richtung gelenkt ist. Ich sagte es bereits in einem vorigen Kapitel: Unser Unterbewusstsein sucht immer den Abgleich mit unseren Gedanken. Sprich, wenn dich beispielsweise jemand nicht wahrnimmt, obwohl du vielleicht sogar einen Versuch gewagt hast, sagt dein Unterbewusstsein: »Siehst du, du bist allein. Du kannst nicht auf Menschen zugehen.«

Und so schließt sich der Kreis, deine ursprüngliche Überzeugung hinsichtlich deiner Identität findet Bestätigung. Deshalb Identity Loop.

Solange wir uns dieses Kreislaufs nicht bewusst sind, bestimmt er unser Leben. Doch jetzt, da du den Kreislauf kennst, kannst du beim Kern ansetzen und anfangen, etwas aktiv zu verändern. Und nun verstehst du vielleicht auch, warum eben deine Gedanken deine Identität erschaffen.

FAKE IT TILL YOU MAKE IT

Ich höre lauter kritische Stimmen. Ich höre zum Beispiel die Frage: »Wie soll ich denn meine Identität verändern, wenn das nun mal meine Realität ist?«

Und da steckt die Antwort schon in der Frage. »Meine Realität.« Es ist eben nur *deine* Realität und nicht *die* Realität. Denn diese ist im Wandel, alles ist im Fluss.

Du hast die Macht, deine Realität neu zu erschaffen. Zum einen fängt das Ganze schon mit dem Bewusstsein von dem Kreislauf an. Denn das gibt dir die Kraft, deine Muster in verschiedenen Lebenslagen zu erkennen. Allein dadurch werden sich Dinge verändern. Wir handeln mit nur 5 Prozent unseres Bewusstseins, die anderen 95 Prozent spielen sich im Unterbewusstsein ab. Ist es nicht verrückt, wie viel unausgeschöpftes Potenzial in uns allen schlummert?

Und jetzt, wo wir das geklärt haben und es dir quasi wie Schuppen von den Augen fällt, können wir weitermachen.

Nehmen wir an, deine neue ausgewählte Identität ist »Ich bin ein Menschenmagnet«.

> Was macht das mit deinen Gedanken?
Die würden sich in folgende Richtung bewegen: »Ich bin selbstbewusst, offen und voller Neugier und stehe dadurch sicher im Leben. Die Menschen kommen von ganz allein auf mich zu. Ich habe es leicht, neue Begegnungen sind für mich aufregend und machen Spaß.«

> Was macht es mit deinen Gefühlen?
Die Gedanken geben dir einen Kick, es kribbelt und du fühlst dich lebendig. Manchmal musst du völlig grundlos lächeln, weil das Leben dir die verrücktesten »Zufälle« schenkt.

> Welche Entscheidungen triffst du dadurch?
Du fängst überhaupt mal an, Entscheidungen zu treffen. Weil sie dir keine Angst mehr bereiten. Mit deiner neuen Entschlossenheit und Selbstsicherheit kannst du entspannter auf Menschen zugehen und in neue Situationen eintauchen.

> Welche Erfahrungen machst du?
Im Zweifel auch mal keine guten. Aber du gewinnst immer eine Erfahrung, und das ist es dir wert. Dieses Spiel kannst du nur gewinnen.

Du denkst jetzt vielleicht: »Ich wache doch nicht morgen früh auf und bin von jetzt auf gleich ein Menschenmagnet.« Das stimmt. Und solange es noch nicht so ist, gilt die goldene Regel: Fake it till you make it.

Tu einfach so, als wärst du schon dort, wo du hinwillst.

Vor allem: Geh es spielerisch an. Hallo? Mein Buch soll dir Freude bereiten. Es gibt keinen Masterplan. Wir spielen hier lediglich auf dem Spielplatz der Möglichkeiten. Also lass uns uns austoben. 'Ne Runde rutschen, schaukeln, Drehscheibe, bis dir schwindelig wird. Wo magst du anfangen?

Wer ins kalte Wasser springt,
taucht in ein Meer voller Möglichkeiten.

Wir schreiben dir ein neues Drehbuch, du bist die Hauptdarstellerin. Das, was schick ist, lassen wir drin und den Rest schreiben wir um. Welches Buch möchtest du in einem Jahr über dich lesen? Feel free! Es muss kein Riesenabenteuer sein, bei dem du zum Mond fliegst oder für irgendetwas weltberühmt wirst. Kannst du natürlich, aber es geht vielmehr darum: *Wer* möchtest du sein? Welche Türen dürfen sich in Zukunft von allein öffnen, ohne Krampf und Kampf, weil du selbst zum Türöffner wirst?

Probier es aus und lass dich nicht entmutigen. Ich meine, jetzt mal ehrlich, was ist das Schlimmste, das passieren kann? Du blamierst dich? Es geht volle Kanne daneben? Hey, so what! Immerhin passiert ein bisschen Action in deinem Film. Nimm dich selbst nicht zu ernst.

#Challenge: Finde dein persönliches »Ich bin«

Probier in kleinen Schritten und Situationen dein gewünschtes Ich aus. Übe im Café, im nächsten Meeting, unter Freunden … Wie bewegst du dich? Wie fühlst du dich? Auch wenn es erst seltsam und ungewohnt ist, entdeck die Freude darin. Und wiederhol immer wieder in deinem Kopf und gerne auch laut: Ich bin …

I FEEL PRETTY

Hast du den Film *I feel pretty* gesehen? Ein megawitziger Film mit Amy Schumer in der Hauptrolle. Man könnte anfangs denken, es handele sich einfach nur um eine überzogene Slapstickkomödie. Doch in diesem Film stecken so viel Tiefgang und eine grandiose Message.

Renee gehörte nie zu den auffallend schönen und selbstbewussten Frauen. Weder im privaten noch im beruflichen Leben hat sie sonderliches Glück. Bis sie eines Tages einen Unfall hat und sich den Kopf anschlägt. Seitdem sieht sie in ihrem Spiegelbild die Frau, die sie immer sein wollte.

Das Witzige ist, dass wir als Zuschauer sie noch genauso sehen wie vorher. Doch ihre neue Identität schenkt Renee eine neue Perspektive, ganz neue Gedanken, die zu Gefühlen werden, die wiederum zu neuen Handlungen führen. Und auf einmal öffnen sich die Türen. Der Rest ist Geschichte.

WELCHE VERSION WILLST DU LEBEN?

Vor Kurzem saß ich mit meinem zwölfjährigen Sohn zusammen und wir redeten über alles Mögliche. Dann ging es um den Wechsel auf die Oberschule, der nach den Ferien anstand. Mein Großer ist eigentlich ganz selbstbewusst, er probiert sich aus in seinem Style und steht drüber, was die Mitschüler dazu sagen. Ich sage ihm immer: »Wichtig ist nur, ob es dir gefällt und du dich wohlfühlst.« Nun rückte eine neue Klasse näher und dazu noch ein ganzer Haufen älterer Kids.

Das ist aufregend und auch etwas beängstigend. Wir saßen da und ich sagte ihm: »Weißt du, Joel, was das wirklich Großartige an dieser Situation ist? Du darfst dich noch mal ganz neu erfinden. Wer willst du sein? Nur weil du vielleicht in den ersten Jahren eher zurückhaltend warst und dadurch in der Clique immer mehr zu dieser Person wurdest, heißt das nicht, dass das immer so bleiben muss. Du kannst heute eine neue Entscheidung treffen.«

Ich erklärte ihm, dass uns häufig gar nicht bewusst ist, wie viel wir selbst erschaffen können. *Wer willst du sein?* Alle Potenziale stecken in dir und warten darauf, dass du dich ausprobierst, um die beste Version von dir selbst zu werden.

Für mich ist Joel natürlich längst die beste Version seiner selbst! Und ich freue mich jeden Tag, ihn beim Wachsen zu begleiten – äußerlich und vor allem innerlich.

Wir alle tragen alle Million Versionen unserer selbst in uns und von jeder dieser Versionen trennt uns eine Entscheidung. Unser ganzes Leben ist die Summe unserer Entscheidungen. Und sollte jemand deine Entscheidungen anzweifeln, sag einfach: »Ich bin ein Einhorn – wer sagt, dass das nicht geht?«

#LieblingstagCheckliste

- Die Worte »Ich bin« haben den größten Einfluss auf dein Leben.
- Fake it till you make it!
- Tob dich aus auf dem Spielplatz der Möglichkeiten.

Die Antwort ist immer in dir!

Welche Identität schafft deine Realität? Ich bin …

___

___

Wer möchtest du sein?

___

___

In welchen Lebensbereichen könnte dir dein neues Ich Türen öffnen?

___

___

Kleiner Buchtipp

Einfach mal so tun, als ob das Leben einfach wäre von Hanna Dietz. Darin findest du ganz viele humorvolle Inspirationen. Such dir drei davon aus und integrier sie in deinen Alltag.

Lieblingstag 18

Sei realistisch – plane ein Wunder

Das mit dem Wünschen beim Universum

Yes, yes, yes, endlich sind wir beim Manifestieren angekommen, oder auch beim »Traumleben auf Bestellung«.

In den letzten Kapiteln haben wir uns einige Themen angeschaut. Wir haben aufgeräumt, aussortiert, kritisiert, reflektiert, neu sortiert, umgedacht, wertgeschätzt, losgelassen, angenommen und neue Einladungen verschickt, an die MeTime, die Freude und die Leichtigkeit.

Ich denke, du hast genug Platz geschaffen, um deine ganz persönliche, ganz neue Bestellung rauszuschicken. Klick, klick, klick, ab in den Warenkorb, abschicken, und morgen klingelt es an deiner Tür, die Bestellung ist da. Fertig! Okay, ganz so easy ist es nicht, aber tatsächlich viel unkomplizierter als erwartet.

Als ich vor einigen Jahren erstmals vom Manifestieren hörte, war meine Reaktion: »Ja genau, alles klar. Wenn so etwas möglich wäre, würden das doch alle Menschen machen.« Heute weiß ich: Es gibt zwei Gründe, warum nicht alle Menschen nach diesem Prinzip leben. Die eine Hälfte hat noch keinen blassen Schimmer davon, dass es so was überhaupt gibt, und die andere Hälfte glaubt nicht daran.

Viele sagen: »Ich glaube es erst, wenn ich es sehe.« Doch hier läuft es nach dem Prinzip: »Du siehst es erst, wenn du daran glaubst.«

Wie funktioniert der Spaß denn jetzt?

Wir haben ja schon darüber gesprochen, dass die Welt (das Universum) nach dem Prinzip der Anziehungskraft funktioniert.

Ich wiederhole noch mal fix die Basics:

- Fülle zieht Fülle an.
- Mangel zieht Mangel an.

Schon mal gemerkt, dass, wenn es gerade läuft, es dann so richtig läuft? Man fragt sich: »Wieso kommt immer alles auf einmal?« Oder es ist eben genau das Gegenteil der Fall. Nichts bewegt sich. Ebbe.

Ein Wunder kommt selten allein.

Hast du dir schon mal überlegt, woran das liegt? Es ist die Energie, die fließt. Auch »Flow« genannt. Und um den Flow am Laufen zu halten, ist es elementar wichtig, dass wir unsere Energie im oberen Bereich halten. Deshalb all die Tipps und Tricks, um die Freude immer wieder ganz bewusst in dein Leben einzuladen.

Ja, es gibt keinen Schalter, mit dem du die Freude mal so eben anknipsen kannst. Doch wenn du in diesen Momenten bewusst in die Dankbarkeit gehst und deinen Fokus auf das richtest, was schon da ist (deine Fülle), anstatt auf das, was fehlt (deinen Mangel), wird deine Energie automatisch mehr davon in dein Leben ziehen. Daher immer aufgepasst und aufmerksam beobachten, welche Energie du gerade anziehst.

WÜNSCHEN – FÜHLEN – VERTRAUEN

Nun geht es um die drei Schritte des Manifestierens oder eben der Bestellung beim Universum.

Das Wünschen ist wahrscheinlich das kleinste Problem. Wünsche haben wir alle, kleine und große. Mit dem Fühlen wird es schon schwieriger und Vertrauen??? O je … Nehmen wir als Beispiel einen neuen Job.

1. Wünschen

Also, der Wunsch lautet: »Ich wünsche mir einen coolen Job.« Puh, was kann das sein? So ungefähr alles. Oder nichts.

Bitte etwas konkreter. Was an dem Job soll cool sein? Die Aufgaben, das Warum, die Kollegen, der Chef, das Umfeld, die Bezahlung?

Du denkst jetzt wahrscheinlich: »Na, *alles* davon natürlich.« So klar ist das aber nicht, vor allem nicht für das Universum. Also mal dir deinen Traumjob im Geiste aus, jedes kleinste Detail, in den schönsten Farben.

2. Fühlen

Wie möchtest du dich fühlen? Welches Gefühl soll dir dieser Job geben? Wie fühlst du dich, wenn tolle Kollegen um dich herum sind? Wie fühlst du dich mit einem wertschätzenden Chef, wie fühlst du dich an einem besonderen Ort? Wie fühlst du dich mit mehr Geld auf dem Konto? (Bei Geld immer Vorsicht! Schnell verfallen wir zurück in den Mangel, da die Gedanken leicht zu der Gleichung »Kein Geld – kein Glück« abrutschen. Doch Geld ist bloß Energie. Daher bleib beim Gefühl. Welche positive Energie in dir kann Geld unterstützen?) Wie fühlst du dich, wenn deine Aufgabe im Job dir ein starkes Warum gibt?

3. Vertrauen

Jetzt heißt es aktiv werden und für deinen Traum losgehen. An dieser Stelle werden einige fragen: »Ich dachte, es ist eine Bestellung, warum muss ich jetzt noch aktiv etwas tun?«

Das Universum unterstützt dich. Es spiegelt deine Energie. Es hilft dir aber nicht, wenn du faul auf deinem Hintern sitzt und wartest. Es geht darum, die gesunde Mitte zu finden. Schau genau, welche Handlungen du einleiten kannst. Welche Schritte kannst du gehen, um deinem Ziel näher zu kommen? Und auch hier ist es bei all der Fokussierung auf das Ziel wichtig, den Weg nicht zu vergessen. Der darf dir nämlich Freude bereiten. Ich meine, wozu sonst das Ganze?

Es ist ein bisschen wie bei Paaren, die ihre Hochzeit planen, oder bei Familien, die Weihnachten vorbereiten – plötzlich artet alles in Stress und Druck aus und irgendwann gibt es nur noch Streit. Wofür?

Dein Ziel ist die Erfüllung eines Traums – der Weg darf schwer und kompliziert sein, doch der Gedanke an dein Warum, also wofür du das alles machst, bringt deine Energie immer wieder in den oberen Bereich, wo Freude und Leichtigkeit herrschen.

Nummer 3, der Schritt des Vertrauens, hat zwei Teile. Du hast alles gegeben? Dann darfst du jetzt loslassen. Das ist sicherlich der schwerste Part, keine Frage. Ich kenne das Gefühl, wenn plötzlich die Zweifel anklopfen; böse Stimmen verirren sich in deinen Kopf und wollen dir alles wieder ausreden. Steig an dieser Stelle einfach aus dem Gedankenkarussell aus. Das haben wir ja geübt. Jetzt ist es nur noch wichtig loszulassen, zu vertrauen und dich zu freuen. Vorfreude ist ja bekanntlich die schönste Freude.

Du kennst doch das Gefühl, wenn du weißt, dass dich im Laufe des Tages etwas Großartiges erwartet. Du weißt zum Beispiel, am Nachmittag geht dein Flieger in den lang ersehnten Urlaub. Also mir kann an solchen Tagen gar nichts die Stimmung vermiesen, ich weiß ja ganz genau: »Heute Abend liege ich schon am Strand.«

In etwa so musst du dir das Gefühl vorstellen, um das es jetzt beim Vertrauen geht. Die absolute Zuversicht – nur eben ohne zu wissen, was und wann es wirklich passiert.

Kontrolle ist gut - Vertrauen ist besser.

Warte, geht der Spruch nicht andersherum? Ja, eigentlich schon. Doch so herum macht er so viel mehr Sinn.

Schau einfach mal, wie sich die zwei Wörter anfühlen. Schließ kurz deine Augen.

Kontrolle – fühlt sich schwer, hart und fest an.

Vertrauen – fühlt sich leicht, weich und locker an.

DER FALSCHE ARTIKEL WURDE VERSCHICKT

Bei der Bestellung beim Universum können einige Fehler passieren. Der häufigste ist zu glauben, alles richtig gemacht zu haben, und trotzdem kommt genau das wieder in dein Leben, was du *auf keinen Fall* haben wolltest.

Woran liegt das? Es beginnt beim Wunsch selbst. Bleiben wir noch mal bei dem Beispiel mit dem Traumjob.

Sehr oft wissen die Menschen nicht zu 100 Prozent, was sie genau machen wollen. Der Wunsch ist dann eben einfach der »Traumjob«, gut bezahlt mit entspannten Arbeitszeiten. Und die Hauptsache ist: Nicht wieder so einen Idioten als Chef!

Ups, da ist er, der Fehler in der Formulierung deines Wunsches. Alles bleibt schwammig und das einzig Konkrete an dem Wunsch ist das, was du *nicht* haben willst – einen Idioten als Chef.

Wir erinnern uns am Anfang des Buches: »Selffulfilling prophecy« und »Where attention goes, energy flows«. Superwichtig beim Manifestieren. Positive, konkrete Formulierungen. Wir manifestieren übrigens den lieben langen Tag. Meist weder positiv noch konkret und dann auch noch total unbewusst. Uns ist überhaupt nicht klar, wie sehr wir damit unser ganzes Leben in bestimmte Richtungen lenken.

Kleiner Money-Funfact zum Wunschgehalt: Das Universum kann nichts mit »gut« bezahlt anfangen. Woher soll es wissen, ob für dich 500, 5000 oder 50 000 gut ist?

Trau dich, konkreter zu werden. Schreib deine Wunschsumme immer mal wieder auf einen Zettel, kleb ihn an deinen Schreibtisch oder an den Kühlschrank. Und auch hier ist das Wichtigste: Wie fühlst du dich mit dieser Summe? Stell dir vor, sie wäre bereits auf deinem Konto. So wichtig, Geld ist Energie. Deine Bewertung allein ist ausschlaggebend. Was soll dir das Geld geben? Welches Gefühl?

DER WUNSCH HINTER DEINEM WUNSCH

Es gibt noch einen Fehler, der dir leicht passieren könnte: Du formulierst einen Wunsch, aber dahinter steckt der falsche Antrieb. Ich erzähle dir ein Beispiel aus meinem Leben, auch hier geht es um den Job.

Vor ein paar Jahren war ich sehr frustriert. Es war die Zeit, als meine Serie aus dem Programm genommen wurde, und diese Entscheidung hat mir damals das Herz ein Stückchen gebrochen. In mir wurden viele Dämonen geweckt, plötzlich zeigte sich jede Menge Wut, Angst, Neid und Frust. Sprich, ich war im absoluten Mangelzustand. Mein Fokus war nur auf das gerichtet, was ich verloren hatte, und natürlich auch auf die Menschen, die in meinen Augen dafür verantwortlich waren.

Aus dieser Position heraus entwickelte ich neue Wünsche. Ganz oben auf meiner Liste stand selbstverständlich eine neue Hauptrolle. Welche? Vollkommen egal, am besten Netflix, Tatort …; Hauptsache, die ganze Nummer ist riesig, um den Idioten da draußen zu beweisen, dass ich es kann!

Immer wenn ich mich in diesen Wunsch reinsteigerte, sagte Jakob, dass es kein Herzenswunsch wäre, und in dieser Zeit triggerte mich diese Aussage nur noch mehr und machte mich erst recht wütend. Meine Energie dümpelte ganz unten so vor sich hin und ich wunderte mich, wieso das Kackuniversum denn meinen Wunsch nicht erfüllte. Heute sehe ich es glasklar: Mein Wunsch und die Motivation dahinter hatten keine Verbindung mit dem Gefühl, das ich im Leben haben wollte. Die Motivation kam aus dem Mangel.

Eines Tages, ich weiß ehrlich nicht mehr so ganz genau, was

der Auslöser war – wahrscheinlich ein Buch über das Manifestieren –, fiel es mir wie Schuppen von den Augen. Mit einem Mal war mir absolut bewusst, warum es so nicht funktionieren konnte. Ich fing also an, mich zu fragen: »Was soll mir diese Hauptrolle geben, wie möchte ich mich fühlen?«

Und dann sah ich es vor mir. Ich sah mich frühmorgens aus dem Bett hüpfen, zwar müde, aber vorfreudig aufgeregt auf einen neuen Drehtag. Ich sah mich Berge an Text lernen, und darin bin ich richtig gut. Ich sah mich in der Maske sitzen und mit tollen Kollegen lachen. Ich sah mich mutig in ganz neue Situationen springen. Ich sah mich als Teil eines Teams, dessen Mitglieder gemeinsam etwas Großartiges schaffen. Ich fühlte es in jeder Zelle meines Körpers: Das ist es! Das liebe ich! Und damit war es auch völlig egal, ob es nun Netflix oder der Tatort war. Denn wenn ich ganz ehrlich bin, liebe ich einfach die Arbeit an sich. Alles reizt mich, ob Krimi, die tägliche Serie oder das Moderieren von Unterhaltungsshows.

Und das Wichtigste, es geht nicht darum, es irgendjemandem zu beweisen, es geht um mich.

So nahm ich einen Zettel, schrieb Folgendes drauf und klebte ihn an mein Visionboard (dazu gleich mehr): »Ich vertraue darauf und bin absolut zuversichtlich, dass der richtige Job zur richtigen Zeit in mein Leben treten wird.«

Und kurze Zeit später kamen sie, wundervolle Anfragen. Und immer wenn ich zwischendurch in die alten Muster verfalle – und glaube mir, das passiert immer wieder –, dann schaue ich auf mein Blatt, erinnere mich, worum es mir wirklich geht, und mache mich bereit für eine neue Runde »Wünschen – Fühlen – Vertrauen«.

Übung zum Bedürfnis hinter deinem Wunsch

Schreib deinen Wunsch auf und hinterfrag ihn: »Was soll mir der Wunsch geben?« Denn hinter jedem Wunsch steckt ein Bedürfnis. Je schneller du dieses erkennst, desto klarer kannst du beim Wünschen in dein Gefühl gehen und die Verbindung ist automatisch stärker. Sagen wir, dein Wunsch lautet:
»Ich wünschte, ich wäre reich.«
Warum?
»Damit ich mir mehr leisten kann.«
Was soll dir das geben?
»Freiheit.«
Was soll dir die Freiheit geben?
»Unabhängigkeit.«
Was soll dir die Unabhängigkeit geben?
»Das Gefühl von Ankommen.«
Und so weiter.
Dieses Spiel ist deshalb spannend, weil wir häufig irgendwelchen Wünschen nachjagen, doch wenn wir sie erreichen, stellt sich das erwartete Gefühl gar nicht ein. Das liegt daran, dass wir oft nur glauben, wir bräuchten bestimmte Dinge, die uns ein gewisses Gefühl verschaffen sollen. Wenn wir allerdings im Vorfeld mal abchecken, erkennen wir das wahre Bedürfnis, das sich hinter unserem Wunsch versteckt, und sehr häufig ist es in ganz anderen Dingen zu finden. Manchmal sind diese sogar längst da und wir haben sie einfach übersehen.

OHNE GEHT'S AUCH

Noch ein kleines Beispiel aus meinem Leben zum Thema »falschrum« manifestieren. In meiner Krise hab ich wie gesagt ordentlich manifestiert. Jeden Morgen bin ich aufgewacht und mein tägliches Mantra war: »Auch wenn ich nie wieder als Schauspielerin arbeiten werde, bin ich glücklich.« Der Ansatz war natürlich nicht falsch. Grundsätzlich sollten wir unser Glück nicht von irgendwas im Außen abhängig machen, doch bei diesen Worten brauchte ich mich im Nachhinein auch nicht zu wundern, dass nichts mehr passierte.

Ich saß also eines Tages mit Laura Malina Seiler beim Lunch und erzählte ihr, dass ich das jeden Tag so machte. Sie fragte mich: »Warum?« Ich antwortete ehrlich, dass der Gedanke an den Schmerz des Jobverlustes so groß war, dass ich mich ein Stück weit schützen wollte. Und so entfernte ich mich immer mehr von meinem authentischen Ich, das in allen Lebenslagen *all in* ging. Laura schaute mich mitfühlend an und sagte mir, dass meine Arbeit mich doch absolut glücklich mache und es doch gar nicht der Wahrheit entspreche, dass ich ohne den Job glücklich wäre. Das stimmte. Sie sagte dann auch, dass das Mantra ganz vieler Frauen nach einer schmerzvollen Trennung lautet: »Ich bin auch ohne Mann glücklich.« Und auch hier sollte natürlich der Anspruch ein unabhängiges Glück sein, ob mit oder ohne Partner. Doch so ein starker Gedanke, der dann zu einer Affirmation wird, setzt eine ganz bestimmte Energie frei, und die ist wie eine Wand, die dich von deinem neuen potenziellen Glück abschirmt.

Die Moral von der Geschichte: Wünsche dir etwas nicht aus der Angst, sondern immer aus der Liebe und deinem authentischen Ich heraus.

VISIONBOARD

Vielleicht ist dir dieser Begriff schon hier und da mal begegnet. Falls nicht: Das Visionboard ist die beste Form, um etwas zu visualisieren, und lässt sich ganz leicht herstellen. Du brauchst dafür nur eine Pinnwand. Dort kannst du alles dranpinnen, was dir ein gutes Gefühl gibt und Dankbarkeit in dir auslöst. Wir wissen ja schon, dass Dankbarkeit eines der besten Mittel ist, um eine hohe Schwingung auszulösen. An meinem Board hängen zum Beispiel Bilder von meinen Kindern, Jakob, meinen Eltern und meinen Freundinnen.

Dazu kommen Bilder von deinen Visionen – das kann ein schönes Haus sein, ein Strand, ein Paar, das heiratet, ein Baby. All diese Bilder kannst du dir zum Beispiel aus Internetportalen wie Pinterest nehmen. Wichtig ist, dass diese Bilder in dir Emotionen auslösen, echte starke Gefühle. Denn du erinnerst dich – Manifestieren funktioniert nur in der Kombination: Wunsch *und* Gefühl.

Oder du pinnst dir schöne Sprüche oder deine persönlichen Affirmationen an deine Wand. Solltest du ein ganz spezifisches Projekt haben, kannst du natürlich etwas, das damit zu tun hat, dranmachen. Bei mir ist zum Beispiel mein aktueller Buchtitel im Mittelpunkt. Mein Visionboard nimmt tatsächlich eine ganze Wand ein. Habe sie komplett mit Kork ausgekleidet. Viele Visionen und Träume brauchen eben sehr viel Platz.

Die Visionboard-2.0-Version ist übrigens ein Vision-Movie. Den sollten wir am Ende unserer Coachingausbildung von uns erstellen. Das Prinzip ist dasselbe, nur dass es eben ein kleiner Film ist, in den du Bilder oder bewegtes Material einbauen kannst. Dazu ein paar starke Sätze, Affirmationen oder Worte und das Wichtigste: Musik. Musik hat so viele Emotionen. Kennst du das: Du sitzt im Auto, ein bestimmtes Lied kommt im Radio, es erinnert dich an einen Moment und die Tränen rollen einfach so runter? Das ist genau die Connection, die wir suchen. Es geht immer um die Verbindung deiner Träume mit Emotionen; beide zusammen haben die Kraft, alles zu verändern.

Mein momentanes Lieblingsbuch zum Thema Manifestieren ist übrigens *Scheiß auf die Glücksfee! Ich mach das jetzt selbst* von Claudia Engel. Leicht, locker und superwitzig.

#MANIFESTATIONSCODE

Kannst du dir auch so schlecht Passwörter merken? Überall im Netz brauchen wir ja Passwörter zum Einloggen. Ich versuche eigentlich immer dasselbe zu benutzen, doch seit Neustem nutze ich »Manifestation« oder Affirmationen als Passwörter.

Stell dir vor, du entsperrst jeden Morgen deinen Computer mit Passwörtern wie:

IchBinGlücklich
ErfülltVonLiebe
ZeitFürWunder
Neuanfang
IchLasseLos
DankeLeben
MeinKörperIstSchön
WillkommenLiebeMeinesLebens

#LieblingstagCheckliste

- Manifestieren besteht aus Wünschen, Fühlen und Vertrauen.
- Hinter jedem Wunsch liegt ein Bedürfnis – schau es dir genau an.
- Wir manifestieren immer, und zwar meistens unbewusst. Fang an, es im vollen Bewusstsein zu tun.

Die Antwort ist immer in dir!

Wenn du jetzt schon wüsstest, dass im Laufe des Tages etwas Großartiges auf dich wartet, wie würde es deinen Tag beeinflussen?

____

____

Was steht ganz oben auf deiner Wunschliste?

____

Welches Bedürfnis steckt hinter diesem Wunsch?
Was soll dir der Wunsch geben?

____

____

Wie möchtest du dich fühlen und wie kannst du dich schon heute ein Stück diesem Gefühl hingeben?

____

Deep Talk

Du bist nicht nur deines Glückes Schmied

Frieden beginnt bei dir

Deep Talk ist Real Talk.

»Susan, ich verstehe ja deinen Ansatz, die rosarote Brille aufzusetzen und den Fokus auf das Gute zu richten. Aber mach doch mal die Augen auf! Siehst du nicht, dass die Welt ein böser Ort ist? Überall und jeden Tag passieren furchtbare Dinge. Krieg, Hunger, Armut, Gewalt, Sexualverbrechen, Mord, Politik, Hass, Terror, Bedrohung, Unterdrückung, Tierquälerei, Klimakatastrophen. Soll ich die Liste fortsetzen? Da hilft doch keine rosarote Brille, mit der bist du einfach nur blind.«

Einwände wie diesen bekomme ich sehr häufig zu hören und auch Jakob erzählt mir oft von solchen Unterhaltungen. Ich finde es immer wieder spannend, wie mir unterstellt wird, dass ich all das nicht sehen würde. Natürlich sehe ich es, denn – Überraschung – ich bin nicht blind. Die Frage ist eher, worin sich unser Umgang mit der Situation unterscheidet.

Option 1: Resignation. Ich gebe auf und nehme alles hin.

Option 2: Ich habe zwar nicht die Macht, das gesamte Weltgeschehen zu verändern, doch ich besitze die Freiheit zu entscheiden, wie ich damit umgehe.

Die Pessimisten, wie ich sie jetzt mal liebevoll nenne – schließlich bezeichnen sie mich ja als hoffnungslose Optimistin –, wählen zwar genau wie ich Option 2, doch der Unterschied liegt darin, dass sie sich für Meckern, Wut, Angst und Frust entscheiden. Dabei können wir uns auf eines sicher einigen: *Man bekommt die Welt nicht besser gemeckert.*

Also, was können wir machen? Was sind unsere Optionen? Diese zwei Fragen helfen sowohl den Pessimisten als auch den Optimisten, zu Realisten zu werden. Wir gucken uns alles ganz genau an, ohne in die eine oder andere Richtung abzudriften. Meckern bringt nichts, außer dass es eine radikale Energieverschwendung ist. Die Augen zu verschließen auch nicht, außer vielleicht ruhigere Nächte.

Doch die rosarote Brille bringt eine ganze Menge: Sie weitet unseren Blick. Denn all die Fakten passieren zwar auf unserer Welt, jeden Tag. Doch genau zur gleichen Zeit passieren die schönsten Dinge. Babys kommen auf die Welt, Hochzeiten und andere Ereignisse werden gefeiert, Familien liegen sich in den Armen, es wird auf Erfolge angestoßen, Leben werden gerettet, es wird gelacht, getanzt, neue Orte werden entdeckt, das kleine Glück an der Ecke wird erblickt, sportliche Wettkämpfe werden gewonnen, Vermisste tauchen wieder auf und immer mehr Menschen setzen sich für das Gute ein, gehen auf die Straße, bringen Liebe in die Welt, entscheiden sich für ein bewussteres Leben.

All diese Dinge passieren in der gleichen Sekunde, jetzt gerade, während du diese Zeilen liest.

MEHR RESPEKT!

Was tust du? Wie gehst du mit dieser Thematik um?

Ich finde dieses Thema sehr spannend, nicht zuletzt, weil

»Weltverbesserer« (wie ich sie mal nennen will) für das, was sie versuchen, häufig angegriffen werden. Es wird ihnen Naivität vorgeworfen, und in dem Feld kenne ich mich echt gut aus. Gerade auf Social Media erleben wir so viel Hass und Spaltung, dass es teilweise nicht mehr zu ertragen ist.

Ich poste einen Beitrag zum Ukrainekrieg und darunter finden sich Kommentare wie: »Warum schreibst du nichts zu Afghanistan?« Ich weiß, dass diese Menschen einfach nur frustriert sind und in ihrem eigenen Film stecken, sodass es sich auch nicht lohnt zu diskutieren. Und schon gar nicht lohnt es sich, pampig zu reagieren. Denn Hass erzeugt Hass und Liebe erzeugt Liebe.

Deshalb kann ich diesen Kreislauf nur durchbrechen, indem ich, wenn überhaupt, in etwa so antworte: »Ich danke dir, dass du sicher deinen Beitrag zu Afghanistan geleistet hast, und freue mich, dass wir beide als Vorbilder für die gute Sache losgehen.« So hat die andere Person die Möglichkeit, ihr eigenes Verhalten zu hinterfragen, und wenn das nicht gelingt, ist ihr zumindest der Wind aus den Segeln genommen.

Hass erzeugt Hass – und Liebe erzeugt Liebe.

Noch schlimmer wird es aktuell bei Themen, die wirklich die Gesellschaft spalten. Alle Menschen haben das Bedürfnis, gehört zu werden, doch die wenigsten können gleichzeitig auch zuhören. Und das müssen wir wieder lernen.

Wir müssen wieder lernen, einander mit Respekt und Offenheit zu begegnen. Wir müssen weg von der Behauptung, absolut recht zu haben. Wir müssen lernen zu differenzieren. Es geht gar nicht immer darum, einer Meinung zu sein; vielmehr dürfen wir dankbar sein, dass jeder Mensch das Recht auf eine Meinung hat. Diesen Unterschied zwischen Meinung und Person sollten wir wieder stärker achten. Denn wir können eine Person mögen und gleichzeitig nicht ihrer Meinung sein. Genauso können wir einer Meinung sein mit einer Person, die wir nicht mögen. Schau dir diesen Satz gerne noch ein weiteres Mal an, ich finde ihn wahnsinnig wichtig:

Wir können eine Person mögen und gleichzeitig nicht ihrer Meinung sein. Genauso können wir einer Meinung sein mit einer Person, die wir nicht mögen.

Er hilft uns, über den Tellerrand zu schauen.

#Funfact: Eine Meinung ist nicht die Wahrheit. Sowohl positiven als auch negativen Bewertungen sollten wir nicht zu viel Bedeutung beimessen.

Alle wollen die Welt verändern, doch niemand sich selbst.

LEO TOLSTOI

Wir müssen nicht zwangsläufig *für* oder *gegen* etwas sein. Dieser Positionierungswahnsinn ist gefährlich und führt auch nur wieder zu Ausgrenzung und Spaltung. Gerne wird mir nachgesagt, ein Fähnchen im Wind zu sein, wenn ich mich nicht glasklar positioniere. Das ist okay, ich bin lieber ein friedliches Fähnchen im Wind, als krampfhaft in den Krieg zu ziehen.

DAS SCHÖNSTE,
WAS EIN MENSCH
HINTERLASSEN
KANN,
*ist ein
Lächeln im Gesicht
derjenigen,*
DIE AN IHN
DENKEN.

Versteh mich nicht falsch: Es ist wichtig, für die gute Sache einzustehen und seine Stimme zu erheben! Doch wenn das deine Devise ist, musst du auch anderen genau das gleiche Recht gewähren. Nur wenn wir anfangen, uns wieder gegenseitig zuzuhören und uns empathisch in die andere Person einzufühlen, haben wir eine Chance. Denn Widerstand erzeugt bloß noch größeren Widerstand.

Ja, unsere Welt ist im Wandel. In vielen Bereichen sind manche vielleicht auch ein Stückchen überfordert. Es gibt jetzt nicht nur Bienen und Blumen, sondern Bienen und Bienen, Blumen und Blumen, Bienen, die wie Blumen aussehen, und Blumen, die wie Bienen aussehen und trotzdem einen Stachel haben, und noch vieles mehr. Die Eltern müssen heute eben ein wenig mehr erklären. Dafür darf unsere Welt immer mehr in allen Farben des Regenbogens leuchten.

Jeder kämpft um Gehör und um mehr Freiheit. Ja, manchmal frag ich mich auch: »Brauchen wir das alles?« Doch es geht hier eben nicht um mich. Viel wichtiger wäre die Frage: »Was stört mich daran?« Und wenn du dir einen Moment Zeit nimmst, wirst du feststellen, dass die Antwort oft lautet: »Nichts.«

Also, take it easy. Kehren wir lieber vor unserer eigenen Tür. Die Gesellschaft ist wahnsinnig damit beschäftigt, alle anderen verändern zu wollen, doch niemand fängt bei sich an.

Willst du Respekt – dann respektiere!

Willst du Gehör – dann hör zu!

Willst du, dass man dich versteht, – dann versteh auch andere!

Willst du eine Veränderung – dann starte bei dir! Sei *du* die Veränderung, die du dir wünschst.

Aber alles in Liebe. Das klingt vielleicht etwas hippiemäßig nach Love and Peace. Und ja, genau das ist der Plan. Für diesen Wimpernschlag an Zeit, den wir hier verbringen dürfen, lasst uns doch versuchen, diese Zeit mit Liebe zu füllen. Manche Musiker schaffen es, die wichtigsten Botschaften in großartigen Zeilen und wunderbarer Musik zu transportieren, so wie meine Lieblingsband Berge. Mach dir am besten dieses Lied an und lausch seinen wunderschönen Zeilen.

Mein Lied

Ich lieg' die ganze Nacht wach, um diese Zeilen zu schreiben.
Ich will die Welt überzeugen, dass wir uns alle vereinen.
Denn uns're Zeit hier ist endlich.
Wann werden wir wieder lebendig?
Ich lass' mich nicht mehr länger blind von den Schlagzeilen blenden,
Lass' mich nicht von meiner Wahrheit, meinen Zielen ablenken.
Nein, ich glaub' nicht all die Lügen,
Die mir das Träumen verbieten.
Lasst euch nicht den Mut zerstör'n.
Eure Stimme wird gehört.

Ich sing' immer weiter für die Erde mein Lied.
Ich hör' auch nicht mehr auf, bis die Menschlichkeit siegt.
Ich singe für die Hoffnung und mehr Licht,
Dass sich was verändert, auch für dich, yay

Ich sage »Nein« zu all dem Wahnsinn und ich wag' mich hier raus.

Ich erhebe meine Stimme und ich frage euch laut:
Wo sind die Leute da draußen
Die an was Besseres glauben?
Wo sind die Heiler und die Helden und die
Regenwaldretter?
Wo sind die Träumer und die Wilden und die
Free-Hugs-Verschenker?
Ihr seid mir einfach zu leise
In diesen stürmischen Zeiten.
Macht euch nicht so furchtbar klein.
Wir sind doch längst nicht mehr allein.

Ich sing' immer weiter für die Erde mein Lied.
Ich hör' auch nicht mehr auf, bis die Menschlichkeit siegt.
Ich singe für die Hoffnung und mehr Licht,
Dass sich was verändert, auch für dich

Ich sing' immer weiter, bis wir endlich versteh'n:
Es liegt in uns'rer Hand, wie die Erde sich dreht.
Ich sing', damit ihr aufwacht und loslegt,
Dass sich was verändert auch für dich.
Und auch wenn all die Andern schweigen,
Bin ich die Einzige, die schreit.
Selbst wenn die ganze Welt zusammenfällt,
Bleib' ich mir treu, ich bin bereit.
Keiner kann mir mein Lied verbieten.
Ich bleib' hier weiter aufrecht steh'n.
Lasst uns zusammen die Welt verändern.
Lasst uns singen!

#TEAMROSAROT

Mag sein, dass ich eine hoffnungslose Optimistin und Träumerin bin. Hallo? Meine Bücher heißen *Rosarotes Glück* und *Das Leben schwer nehmen ist einfach zu anstrengend*. Sie glitzern und du solltest dich nach dem Lesen besser fühlen als vorher.

Da du nach diesen Büchern gegriffen hast oder das Universum sie dir geschickt hat oder sie dich auf irgendeinem anderen Weg gefunden haben, bin ich ziemlich sicher, dass du zu meinem #TeamRosarot gehörst. Oder dass sich für dich vielleicht langsam die Tür dahin öffnet.

Was wäre unsere Welt ohne uns? Puh, ja vieles ist echt ein Riesenhaufen Scheiße, auch mit rosaroter Brille. Aber ich spüre, dass wir mehr werden und lauter. Nicht aggressiv laut, sondern sichtbarer mit all unserer Liebe, die wir zu geben haben. Immer mehr Menschen verstehen, dass das der Weg ist, der Weg zum inneren und äußeren Frieden. Und auch wenn er noch lang ist, bin ich froh, dass wir ihn schon gehen.

LIEBE UND LEID

Ich habe jetzt viel von Liebe gesprochen. Doch wo Liebe zu finden ist, ist auch Leid. Das eine ist ohne das andere nicht möglich. Wir können nur leiden, wenn wir auch lieben, denn Leid passiert in unseren Herzen, da, wo auch die Liebe entsteht.

Nur wenn uns eine Sache, ein Thema oder ein Mensch etwas bedeutet, reagieren wir extremer auf Meinungen oder Aussagen; es liegt daran, dass sie uns wichtig sind, das lässt uns leiden, sonst würde uns Kritik kaltlassen. Genauso können wir nur lieben, wenn wir auch Leid in Kauf nehmen. Denn Liebe bedeutet immer ein *All in*. Wenn wir das wirklich leben, erfahren wir die Liebe mit all ihren wundervollen Farben, doch eine davon wird immer die Angst sein. Die Angst, die Liebe wieder zu verlieren.

Und so passiert auch auf der Welt immer alles gleichzeitig. Diesen Fakt müssen wir akzeptieren und er hilft uns, in den schmerzhaftesten Momenten immer ein Licht zu sehen. Das Leben ist immer nur eine Momentaufnahme. Alles fließt. Kein Stillstand.

Optimisten sehen Leid und fühlen Leid. Der einzige Unterschied zu Pessimisten liegt darin, dass sie zuversichtlich bleiben, dass nach schweren, herausfordernden Zeiten bessere kommen und dass in all diesen Erfahrungen eine Kraft liegt.

DU BIST NICHT NUR DEINES GLÜCKES SCHMIED

Wir sind alle miteinander verbunden. Aus diesem Grund hast du einen großen Einfluss auf die Welt. Auch wenn du bis heute gedacht haben magst: »Was kann ich schon tun?« – du setzt jeden Tag einen Kreislauf in Gang: Die Art, wie du durchs Leben gehst, wie du mit deiner Umwelt, der Natur, deiner Familie und deinen Freunden umgehst, verändert das zukünftige Leben deiner Mitmenschen. Und damit auch dein eigenes.

Ein freundliches Lächeln an einen Unbekannten, der glaubt, sein Leben sei nur noch trostlos, kann alles verändern. Oft heißt es: Die Hoffnung stirbt zuletzt, und ich glaube, genauso ist es. Es gibt Zeiten, da brauchen wir Menschen, die uns klare Zuversicht schenken, denn das richtet uns wieder auf. Und wir alle können genau so ein Mensch sein. Es braucht nicht viel – ein freundliches Wort oder ein Lächeln sind kostenlos, und dennoch unbezahlbar.

Übung: Nächstenliebe

Schenk in der nächsten Woche Menschen, die du nicht kennst, etwas mehr Aufmerksamkeit. Ob es in der U-Bahn ist, beim Einkaufen, beim Fahrradfahren oder wo auch immer. Gibt es etwas, womit du ihnen eine kleine Freude machen kannst? Vielleicht ihnen den Vortritt lassen oder die Tür aufhalten, einen herabgefallenen Zettel für sie aufheben, jemandem den Weg weisen. Es muss nichts Großes sein. Das Geschenk liegt bereits darin, dass du den anderen wahrnimmst.

EINE GESCHICHTE ÜBER DAS GLÜCK UND WIE MAN ES FINDEN KANN

Eine Lehrerin brachte Luftballons in die Schule mit und forderte die Schüler auf, sie aufzupusten und ihren Namen daraufzuschreiben. Dann durchmischte die Lehrerin die Luftballons. Die Kinder hatten nun fünf Minuten Zeit, um den eigenen Ballon zu finden. Obwohl sie eilig suchten, fand kaum jemand seinen Luftballon.

Als Nächstes forderte die Lehrerin sie auf, den Ballon in ihrer unmittelbaren Nähe zu nehmen und ihn dem Kind zu geben, dessen Name daraufstand. In weniger als zwei Minuten hielten alle ihren eigenen Ballon in den Händen.

Darauf sagte die Lehrerin zu den Kindern: »Diese Luftballons sind wie das Glück. Wir werden es nie finden, wenn wir nur nach unserem eigenen suchen. Aber wenn wir uns um das Glück anderer Menschen kümmern, werden wir auch unser eigenes finden.«

#LieblingstagCheckliste

- Alles passiert gleichzeitig, die Frage ist, worauf dein Fokus gerichtet ist.
- Äußerer Frieden beginnt immer im inneren Frieden.
- Nächstenliebe ist dein Geschenk für die Welt

Die Antwort ist immer in dir!

Frieden – ein großes Wort.
Welche Veränderung wünschst du dir, um den Frieden zu stärken? Was kannst du selbst aktiv zu dieser Veränderung beitragen?

____

____

In welchen Momenten erwartest du von anderen etwas, das du selbst nicht leistest?

____

____

Du bist anderer Menschen Glückes Schmied.

Wem kannst du helfen, seinen/ihren Ballon zu finden?

____

____

____

Spielzeugtag

Hallo, Begeisterung – ich lade dich ein!

Begeisterung + Motivation = Superpower

Unsere gemeinsame Reise neigt sich dem Ende zu. Da ich nicht weiß, in welchem Tempo du liest, kann ich nicht sagen, wie lange wir schon gemeinsam unterwegs sind. Ich bin total gespannt, wie es dir ergangen ist, was du schon umsetzen konntest und ob du ein paar Aha-Momente hattest. Im Zeitalter von Social Media ist Feedback ja schon möglich, und wenn du Lust hast, schreib mir. Erzähl mir von deiner Geschichte und davon, wie es dir beim Lesen ergangen ist.

Sicherlich werden Zeiten kommen, an denen du in den Tag startest und alles, was du nun weißt, wieder infrage stellst. Die Zweifel klopfen an und du denkst dir: »Gestern waren sie noch da, die Leichtigkeit und Freude, und wohin sind sie jetzt verschwunden?« Plötzlich erscheint der Berg der Aufgaben und Herausforderungen wieder riesengroß und du siehst den Wald vor lauter Bäumen nicht.

Dann schließ einen Moment die Augen und denk an das Wort »Zufriedenheit«. Die optimale Basis für Neustart und Veränderung ist Zufriedenheit. Das klingt erst mal widersprüchlich. Denn wenn wir zufrieden sind, wollen wir ja nichts verändern. Doch was meine ich damit?

Schau dir das Wort genauer an: Zu-Friedenheit. Es ist ein Weg *zum Frieden*. Das Gegenteil von Frieden ist Krieg. Und wie im letzten Kapitel besprochen, bringt dein innerer Frieden den äußeren Frieden. Im Umkehrschluss bedeutet das: Wenn du unzufrieden bist, bist du im Krieg mit dir selbst. Das ist immer verbunden mit Kampf oder Widerstand.

Wenn du total unzufrieden bist, bist du im Mangel und möchtest auf Teufel komm raus alles umkrempeln und ändern. Allerdings ist beim kleinsten Scheitern die Gefahr riesengroß, dass du alles hinschmeißt und dein Leben und dich selbst noch mehr verfluchst. Im Sinne von: »Ich wusste es, ich bin nun mal ein hoffnungsloser Fall.« Mit anderen Worten: Aus Frust willst du etwas verändern, doch deine Motivation ist nicht nachhaltig, sodass du schnell wieder aufgibst und alles beim Alten bleibt.

Schauen wir uns die gleiche Situation an, doch nun ist die Haltung eine andere. Du blickst auf dein Leben und fokussierst dich – so wie wir das in diversen Kapiteln bei unterschiedlichen Themen gemacht haben – auf das, was schon da ist und wofür du dankbar bist. Das bringt dich und deine Energie in die Fülle, die ja schon von ganz allein mehr Fülle anzieht. Der Druck verringert sich automatisch, da dir bewusst wird, dass vieles, was du bisher vielleicht für selbstverständlich gehalten hast, in Wahrheit etwas Besonderes ist. Dir wird klar, dass du es bereits in deinem Leben hast! Dieses Wissen bringt dir Leichtigkeit und der Berg, den du verändern möchtest, wird überschaubarer.

Da du *zu-Frieden* mit vielen Dingen in deinem Leben bist, wohnt der Friedensanteil bereits in dir, damit wird die Freude ebenfalls an deiner Seite sein. Sie wird dir helfen, für all deine Ziele loszugehen. Doch um jetzt mit Karacho richtig durchzustarten und vor allem auch durchzuhalten, brauchst du noch jemanden an deiner Seite, quasi den Superhelden unter allen Eigenschaften.

EIN GANZ BESONDERER GAST

Als wir im Kapitel »Ich mach mir die Welt, wie sie mir gefällt« ein wenig durch deine Kindheit gereist sind, haben wir schon über sie gesprochen, doch nun ist es Zeit, sie ganz bewusst in unser Leben einzuladen: Bühne frei für die Begeisterung!

Laut lachen, sich begeistert im Kreis drehen, in die Luft springen, spontan aus dem Bauch heraus agieren … Hört sich nach kleinen Kindern an, oder? Ja, die können das alles richtig gut. Kinder kümmern sich um den Augenblick, um die Freude und Begeisterung im Hier und Jetzt. Und genau dem wollen wir in unserem Leben wieder mehr Raum geben.

Was begeistert dich? Und wie häufig hast du schon von anderen gehört oder es dir vielleicht auch selbst gesagt: »Das ist doch albern, dafür bist du schon zu alt, das kann man doch nicht machen, zu peinlich, vor all den Leuten …«

Komm, wir gehen los und sammeln all die Flausen wieder ein, die wir uns mal aus dem Kopf geschlagen haben.

Wenn ich von etwas richtig begeistert bin, spüre ich es im ganzen Körper und habe das Gefühl, ich könnte Bäume ausreißen. Wie eine unbändige Kraft. Ja, Begeisterung ist eine Superkraft. Also lass sie raus, in jedem möglichen Moment. Vielen Menschen ist überhaupt nicht bewusst, welche Energie Begeisterung freisetzt.

In einem Q & A wurde ich erst neulich wieder gefragt, wie ich mit Selbstzweifeln umgehe, gerade wenn ich mich an Neues wage. Und meine Antwort war ganz klar: »*Meine Begeisterung für das, was ich tue, ist immer größer als meine Selbstzweifel.*« Das ist auch der Grund, warum ich es dann trotz aller Zweifel mache.

Eine andere Frage, die mir oft gestellt wird, lautet, ob ich ein Geheimrezept habe. Dafür, wie ich so durchs Leben gehe; alles wirke immer so fröhlich und unbeschwert. Tja, mit Geheimrezepten ist das ja so eine Sache … Nach allem, was ich mit dir bis hierhin geteilt habe, weißt du, dass auch bei mir nicht immer alles Friede, Freude, Eierkuchen ist. Aber warte, vielleicht habe ich ja doch ein Geheimrezept: Es ist die Begeisterung. Und die hast du auch; heute darfst du sie einmal ganz bewusst in dein Leben einladen. Die tiefe, kindliche Begeisterung – für Neues, für andere Menschen, für die Liebe, für Erfahrungen, für schöne Dinge, für 24 neue Stunden, für Unbekanntes, für Mut, für Wunder.

DIE ZUTATEN DEINER SUPERPOWER

Du willst die Superpower, und damit die Rechnung aufgeht, ist es megahilfreich, wenn wir uns mit der Motivation anfreunden. Dieser Begriff enthält bereits das Wort, worauf es wirklich ankommt: das *Motiv*! Ein glasklares Bild von deinem Ziel. Genau dafür ist auch dein Visionboard da, über das wir im Kapitel über das Visionieren gesprochen haben und das dir hilft, dein Bild wirklich klar vor Augen zu haben.

Wenn du von diesem Motiv richtig begeistert bist, entwickelt sich in deinem Körper eine Reaktion. Es ist wahrscheinlich eine Mischung aus Adrenalin, Freude, Kribbeln, Tatendrang, die dich antreibt und nicht lockerlässt. Sie hält dich davon ab, zurück oder nach unten zu schauen – unten sitzt der Zweifel und wartet darauf, dass du zurückkommst in deine Komfortzone. Doch du bist in deiner Superkraft, dein Blick ist auf dein Motiv fokussiert und dies lässt dich nur nach oben und nach vorn schauen. Jeder Schritt, den du machst, gibt dir einen neuen Kick. Auf dem Weg nach oben feierst du jedes kleine Erfolgserlebnis, das bringt dir zwischendurch noch einen Schwung Freude & Leichtigkeit.

Ich wiederhole noch mal: *»Wir können schwere Dinge tun«*, und genau dabei helfen uns unsere zukünftigen Begleiter: Me-Time, Freude, Leichtigkeit und Begeisterung.

DER JUNGE UND DIE LEITER

Eine Gruppe Jungs entdeckte beim Spielen eine Leiter an einem Baum. Sofort liefen sie hin und versuchten, die Leiter emporzuklettern. Doch nach ein paar Sprossen gab jeder von ihnen wieder auf. Nur einer von ihnen schaffte es bis ganz nach oben.

Die Zeit ging ins Land und aus dem kleinen Jungen war inzwischen ein weiser Mann geworden. Als man ihn fragte, wie er es damals bis ganz nach oben geschafft habe, wo doch die anderen Jungs alle nach ein paar Sprossen aufgegeben hatten, antwortete er: »Die anderen guckten immer zurück, wie viele Sprossen sie schon geschafft hatten; ich hingegen schaute nur nach oben, um zu sehen, wie viele Sprossen noch übrig waren.«

Wenn man etwas erreichen möchte, sollte man nicht über das Fallen nachdenken, sondern immer voller Begeisterung nach dem streben, was einen am Ziel erwartet.

DAS LEBEN IST EIN BERG AN LEGOSTEINEN

Stell dir vor, vor dir liegt ein Berg an Legosteinen. Tausende Steine, in allen Formen und Farben. Und du darfst damit etwas bauen. Für Lego gibt es ja meistens eine Anleitung. Du kannst dich an sie halten oder deiner Fantasie folgen und dir eine ganz eigene Welt erschaffen. Sicherlich werden hin und wieder gebaute Teile auseinanderfallen, manche kleinen Legoteile wirst du verlieren, manches wirst du vielleicht aus dem Grund nie bauen können. Doch tausend andere Teile liegen da und warten darauf, ein Baustein deiner Welt zu sein. Links und rechts von dir bauen andere Menschen andere Welten. Manche sind schneller und kreativer als du, andere langsamer, oder sie unternehmen nichts und vor ihnen bleibt ein Haufen Legoteile liegen. Doch eines ist bei uns allen gleich: Wir alle haben tausend bunte Legosteine zur Verfügung. Mach was draus!

HAPPY END? UND WAS, WENN ES NICHT DAS ENDE IST, SONDERN EIN ANFANG?

Nun ist es Zeit, ein neues Kapitel aufzuschlagen, nicht hier in diesem Buch, sondern in deinem Leben. Ich danke dir für dein Vertrauen und dein wertvollstes Geschenk, das du mir gemacht hast, deine Zeit. Doch letztlich ist es ein Geschenk an dich selbst gewesen, deine ganz persönliche Herzzeit.

Ich freue mich jetzt schon auf den Moment, wenn die ersten Menschen in deinem Umfeld zu dir sagen werden: »Wie schaffst du es, dein Leben so leicht zu nehmen?« und du mit einem Lächeln antwortest: »Das Leben schwer nehmen ist einfach zu anstrengend.«

ÜBER DIE AUTORIN

Susan Sideropoulos ist eine erfolgreiche Schauspielerin und Moderatorin. Bekannt wurde Susan durch ihre Rolle der Verena in »Gute Zeiten, schlechte Zeiten«. Seit mehr als zwei Jahrzehnten sehen wir sie in diversen Serien und Filmen und genauso vielseitig führt sie durch Showformate sowie Dokumentationen. Sie ist ein gern gesehener Gast in Unterhaltungssendungen und Talkshows und gewann unter anderem die Tanzshow »Let's Dance«. Nach einer Lebenskrise hat, wie sie es heute nennt, das Schicksal sie zur persönlichen Weiterentwicklung geführt. 2021 erschien dazu ihr Spiegel-Bestseller »Rosarotes Glück«; zusätzlich absolvierte Susan eine Coachingausbildung und nennt sich in den sozialen Medien spielerisch »SinnFluencer«. Neben ihrer TV-Karriere moderiert sie Events von »Greator«, schreibt Drehbücher und engagiert sich für mehrere soziale Projekte. Susan ist mit ihrem Jugendfreund verheiratet, gemeinsam haben sie zwei Söhne.

Hier kannst du den Song
zum Buch hören:
„Sag es weiter!"

IMPRESSUM

GRÄFE
UND
UNZER

Gräfe und Unzer ist eine eingetragene Marke der GRÄFE UND UNZER VERLAG GmbH, www.gu.de

ISBN 978-3-8338-8877-9
6. Auflage 2023

Projektleitung: Anja Schmidt
Lektorat: Dr. Antje Korsmeier
Bildredaktion: Nele Schneidewind und Simone Hoffmann
Umschlaggestaltung und Layout: ki36 Editorial Design, Katja Wohnrath und Petra Schmidt
Herstellung: Susanne Fuhrmann
Satz: Uhl + Massopust, Aalen
Reproduktion: Longo AG
Druck und Bindung: DZS Grafik, Slowenien

Bildnachweis
Alle Fotos von Susan Sideropoulos: Farina Deutschmann

Syndication: www.seasons.agency

Der Abdruck des Gedichts »Ich wünsche Dir Zeit« von Elli Michler stammt aus dem Band »Dir Zugedacht. Wunschgedichte« und erfolgt mit freundlicher Genehmigung des Don Bosco Verlags.
Der Abdruck des Songtexts »Mein Lied« erfolgt mit freundlicher Genehmigung der Band Berge.

GRÄFE
UND
UNZER

Ein Unternehmen der
GANSKE VERLAGSGRUPPE